나를 향한 구애

나를 향한 구애

초판 1쇄 발행 2025년 7월 20일

지은이 이나영
펴낸이 박경애
편집 박경애
표지 디자인 정은경
표지 일러스트 다안

펴낸곳 자상한시간
출판등록 2017년 8월 8일 제 2025 - 0000003 호
주소 경기도 양주시 삼숭로 58번길 115, 605동 806호
이메일 vodvod279@naver.com

ISBN 979-11-988706-6-7

이 책은 저작권법에 의하여 보호를 받는 저작물이므로
무단 전재와 복제를 금합니다.
파본이나 잘못된 책은 구입하신 곳에서 교환해 드립니다.

나를 향한 구애

이나영 산문집

잔향한사간

차례

프롤로그 …… 9

1장 - 좋아하는 것에 대한 의리

나를 향한 구애 …… 15
혼자, 서점에 갑니다 …… 21
만남의 농도 …… 26
아무래도 내 그릇은 작지만 …… 30
나의 작은 연못에서 …… 35
좋아하는 것에 대한 의리 …… 41
시간을 껴안는 사람 …… 45
그럼에도 계속 쓰겠어요 …… 51
움직이면, 단단해져요 …… 56
달리기가 내게 준 것 …… 60
약발 좀 받겠습니다 …… 66
마감 효과에 최적화된 자의 변명 …… 71
독자가 되어주길 바라는 마음 …… 76

2장 - 아, 사랑스러운 사람들

아, 사랑스러운 사람들 …… 85
메르시, 엄마 …… 90
손을 사용하는 방법 …… 96
지킬게요, 할머니의 세상을 …… 100
사사로워서 소중한 것들 …… 105
어른이라는 무게 …… 110
각자의 속도대로 …… 116
편해지려고, 기꺼이 불편해지는 것 …… 121
추한 나여도, 너여도 괜찮기를 …… 127
편지 쓰는 마음 …… 132
새해 인사를 못 한 건 말예요 …… 137
들었다 놨다 해도 괜찮아 …… 142

3장 - 잃어버린 아름다움을 찾아서

뱁새의 행복 …… 149
내 방 창문의 적막한 숨결 …… 155
차라리 감정의 소용돌이에 휘말리고 싶을 때 …… 160
아름다움은 헛수고일까 …… 166
관성에서 벗어나기 …… 171
식물 킬러 여기 있습니다 …… 175
찾아질 마음은 찾아지겠지 …… 182
멀리 봐 보기로 해 …… 186
나의 파도를 잘 건널 수 있나요? …… 190

4장 - 이제, 함께

내가 나로 산다는 건 ······ 197
사랑하는 사람과 함께 걸어가려면 ······ 202
나를 쓰고 싶게 만드는 사람 ······ 206
시가 거기 있으므로 ······ 211
같이 살아도 될까요? ······ 219
신부 혼자 입장한 결혼식의 의미 ······ 224
파도를 믿는다는 말 ······ 230
아무것도 하지 않을 수 없는 나에게 ······ 235
사랑을 하고 받는 것도 재산 ······ 241
함께 있는 곳이 집이지 ······ 245
금요일에 만난 당신에게 ······ 251

프롤로그

 가진 게 많은데도 부족하다 느꼈던 때가 있었습니다. 내 마음이 덜 자란 것을 덜 채워졌다고 여긴 동안 잃어버린 마음의 조각을 바깥에서 찾아 헤맸습니다. 하지만 이내 알게 되었습니다. 내가 나로 살기 위해서는 내가 어떤 사람인지 알아가며 자신을 사랑할 줄 아는 사람이 되어야 한다는 것을요. 그러려면 자신에게 끊임없이 질문을 던지고, 잘 자랄 수 있도록 꾸준히 돌보며, 어떤 선택을 하던 자신을 이해한다고 말할 수 있어야 했습니다.
 이 글들은 내가 나를 올바르게 사랑하기까지의 여정입니다. 혼자서도 잘 살아갈 수 있는 사람이 되기 위해

수많은 파도를 지나왔습니다. 그 파도 속에서 내가 나로 남을 수 있도록 해준 것들을 남기고 싶었습니다. 언젠가 지난 날들을 돌아보았을 때, 이 파도를 잘 견뎌온 사람이니 앞으로도 잘 살아갈 것이라는 용기를 얻을 때가 또 올 것 같아서요.

그리고 그 파도는 누구에게나 찾아올 것입니다. 마음 어딘가를 잃어버린 것처럼 내가 나로 살아가는 것이 버거운 때 말입니다. 그럴 때 나를 챙기며 살아가는 것이 얼마나 나를 세워주는지, 나를 그대로 두고 응원해 주는 것이 얼마나 힘이 되는지 알 수 있다면 잃어버린 마음을 찾기가 한결 더 쉬워질 겁니다. 그런 모두에게 마음을 함께 찾을 수 있는 평범하고도 진솔한 이야기를 전하고 싶었습니다.

신기하게도, 마음이 채워지고 나니 제 곁에는 저의 길을 같이 걸어줄 사람이 생겼습니다. 나를 잃지 않기 위해 혼자 잘 살아가려 했는데, 그것이 자유라고 생각했는데 함께 나누는 시간 속에서도 나를 숨 쉬게 해주는 사람이 있다는 것을 알게 되었습니다. 나를 내려놓지 않아도 함께 살 수 있음을, 이제 깨닫습니다. 나를 살피고 보듬던 마음이 자라면 누군가를 사랑하는 마음이 되는 것이었습니다.

  이제 마음을 잃어버리는 날들은 더 이상 찾아오지 않습니다. 아니, 잃어버리더라도 금방 찾을 수 있을 만큼 자랐습니다. 나에 대한 사랑과 의리를 지키며 살아간다면, 혼자여도 함께여도 나는 잘 살아가고 있을 것입니다.

  그러니 우리, 나를 향한 구애를 멈추지 말기로 해요.

2025년 7월, 이나영 드림

* 일러두기

1. 이 책에 인용한 책의 문장들은 출판사와 작가에게 재수록을 허락받아 인용하였다.
2. 이 책에 실린 곡들은 음악저작권협회에 승인 받아 사용하였다.
   ("KOMCA 승인 필")

1장

좋아하는 것에 대한 의리

나를 향한 구애

보편적인 허기보다,
나를 채워줄 음식을 요리하는 것

퇴근 시간이 다가오면 오늘의 저녁 메뉴를 고민하는 것이 일상이 되었다. 어제의 메뉴는 아보카도 닭가슴살 샐러드였다. 선물 받은 초록색 잎 모양의 접시 위에 야채를 놓은 뒤, 적당히 숙성된 아보카도를 가지런히 야채 중간에 놓고, 닭가슴살을 손으로 찢어 놓는다. 드레싱은 가장 좋아하는 올리브유와 발사믹 식초, 후추면 충분하다. 며칠 전엔 강된장과 봄나물을 곁들여 먹었다. 어떤 봄나물을 사느냐에 따라 내 입에 들어오는 향이 달라질 것을 상상하니, 장 보는 내내 향긋했다. 저녁을 고민하다가, 이윽고 봄이 오고 있음을 직감했다.

혼자 산 지 9년 차인 나는, 사 먹는 음식보다 내 손으로 만든 음식이 나를 기쁘게 한다는 것을 비로소 제대로 느끼게 되었다. 좋아하는 음악이나, 보고 싶었던 드라마를 틀어놓고 요리를 하는 순간이 내게는 하루 중 가장 창의적이고 주체적인 시간이자 하루를 무사히 마친 나에게 줄 수 있는 가장 큰 선물이다. 되도록 건강한 음식으로 식탁을 차린다. 누구에게도 구애받지 않고 오로지 나를 위해 차리는 한끼. 출근하기만도 벅찬 아침 시간부터 퇴근 직전까지, 나를 위해 쓸 수 있는 시간은 없다. 나를 생각할 시간 없이 어느 조직의 일원으로, 어떤 업무의 담당자로 살다 보니 내 하루에서 온전한 '나'로 살아가는 시간은 너무도 적었다. 오로지 나만을 생각하며 나로 살아가는 시간을 챙기기 위해 선택한 것이 바로 요리였다.

자신의 공간에서 안정감을 느끼고 '나'라는 사람에 대한 확신을 가지게 되는 것. 저는 이런 것들이 소수만을 위한 특권은 아니라고 생각합니다. '집'이라는 공간이 주는 혜택은 우리가 얼마나 부자인지, 얼마나 시간이 많은 사람인지와는 상관없이 누구나 누릴 수 있고 또 반드시 누려야 한다고 믿고 있어요. (중략) 집을 가꾼다는 것은 우리의 생활을 돌본다는 이야기와 닮았습니다.

방치하지 않는다는 의미죠. 어느 구석, 어느 모퉁이 하나도 대충 두지 않고 정성을 들여 돌보는 것. 그것은 무엇보다 중요한 삶을 대하는 방식이자 행복에 관한 이야기입니다.

최고요, 『좋아하는 곳에 살고 있나요?』 중에서

혼자 살면 간편한 음식을 주로 먹게 된다는데, 나 역시 그랬다. 생존에 급급했던 시절의 나는 집에서 혼자 편의점 음식과 포장 가능한 음식들로 끼니를 때웠다. '밥을 먹었다'가 아닌 '끼니'를 때웠다고 표현하는 것은, 먹어도 배가 고픈 음식들이었기 때문이다.

영화 <리틀 포레스트>에서 고향에 돌아온 혜원은 '너무 배가 고파서 내려왔어'라고 대답한다. 무언갈 먹어도 계속해서 배가 고픈 끼니, 나를 위한 음식이 아닌 '보편적인 허기'를 채워주기 위해 널려 있는 음식들. 배부른 소리 한다 싶어도, 정말이지 배는 부른데 배가 고픈 아이러니한 식사들이 계속되었다. 그래서인지 엄마의 밥상과 할머니의 제철 음식들이 늘 그리웠다. 이것은 비단 나의 허기만을 두고 하는 이야기는 아닐 것이다. 여유 없이 살아가는 모두에게, 바깥의 음식들은 '보편적인 허기'를 위한 음식일 때가 많을 테다.

혜원이 만드는 음식들은 모두 자신이 기억하는 엄마와의 소중한 추억이자, 어린 혜원을 행복하게 만들었던 기억들이다. 엄마와의 시간이 깃든 주방에서 비록 혼자일지라도, 각종 음식을 뚝딱 해내는 혜원은 어느 때보다 행복해 보인다. 도시란 그런 곳이었다. 쉬이 음식을 할 수 없던 여유 없는 곳, 나 자신의 허기를 온전히 채워줄 수 없는 곳. 그러니 무얼 먹어도 배가 고플 수밖에 없었다.

좋아하는 것을 나열하다 보면 상관없다고 생각했던 부분들이 서로 맞닿아 있어서 놀랍기도 하고, 많은 것이 개연성 없이 마구잡이로 섞여 있어 당황스럽기도 해요. 그런 것들이 커다란 덩어리를 이룬 것이 바로 '나'라는 사실을 인지하면 일상생활을 디자인하는 일에 재미와 깊이가 생깁니다.

최고요, 『좋아하는 곳에 살고 있나요?』 중에서

음식을 만들다 보면 내가 무엇을 좋아하는지 잘 알 수 있게 된다. 양배추를 먹어도 볶아 먹는 게 좋은지 생식으로 먹는 게 좋은지를 고민하게 되고, 고기를 먹어도 어떤 날은 소고기, 어떤 날은 닭고기를 먹고 싶은지 알 수 있게 된다. 나를 위해 고민하는 시간이 합쳐지면,

나라는 사람을 더 사랑하게 되더라는 것은 나의 경험담이다. 왜인지 혼자 살면서부터 나의 자존감은 날로 떨어져 갔고, 우울한 날이 많아졌다. 제대로 잠을 못 자는 밤들이 많아졌고, 외로움도 덩달아 커졌다. 그러던 어느 날 나를 위한 생일상을 차려보자고 마음먹었고, 할머니의 미역국을 떠올리며 할머니가 주신 국간장으로 미역국을 끓이다 보니 행복이 샘솟았다. 그것만으로도 충분했다. 그때부터 시작했던 것 같다. 지칠 때면 나를 위해 무언가라도 차려 먹게 된 것이.

예능 <효리네 민박2>에서 이효리 부부가 민박객들에게 해주고 싶던 것은 오로지 '잘 먹이고 잘 재우기'라고 한다. 직접 만든 정갈한 음식들로 잘 먹이고 잘 재우는 것. 아주 단순하고 누구나 하고 싶지만, 일상에 치이는 우리들은 할 수 없던 일들이다. 이 두 가지는 두 사람이 제주도에서 찾은 자신 그대로 살아가는 방법일 테다. 그들처럼 나만의 행복을 찾는 법을 우리는 잘 알고는 있다. 좋아하는 것들로 가득한 집에서 잘 먹고 잘 쉬는 것. 그러나 우리는 이내 행복해지기를 포기한 채 살아간다. 현실은 행복을 생각하기에도 벅찬 하루하루의 연속이므로.

그런 생각이 들 때, 장을 보면서 오늘 저녁 메뉴를 고민해 보길 바란다. 내가 좋아하는 것이 무엇인지, 오늘 무얼 먹고 싶은지, 내 건강은 지금 어떠한지 고민하면서. 단순히 장 보는 행동만으로도, 내 공간을 자존감이 샘솟을 공간으로 만들 수 있을 것이다. 나를 채울 내 시간이 멈추지 않기를, 오늘 식탁에서도 다짐할 테다.

혼자, 서점에 갑니다

오롯이
혼자를 맞이하는 시간

 혼자 어딘가를 여행할 때면, 이상하게도 서점 쪽으로 발길이 닿는다. 가까이에서 서점을 찾을 수 없다면 책이 제법 꽂혀 있는 카페라도 꼭 들르곤 한다. 매일 책과 함께하는 일을 하면서도 낯선 곳에 가면 또 책을 찾는 노릇이라니, 누가 보면 책 덕후인 줄 착각할 듯하다. 나는 평소에 책을 읽는 데에 그리 많은 시간을 투자하는 편은 아니다. 정독을 하기보다는 훑어 읽기를 좋아하는 날라리 독자이며, 책을 통해 쌓은 지식이 그리 많은 편도 아니다. 그럼에도 혼자 있는 시간에 책이 있는 곳을 찾게 되는 것은 수많은 책이 각각 말하고 있는 목소리들을 들으며 위로 받기도 하고, 내 목소리는 어디에 있는지 찾고 싶어서가 아닐까.

가족들과 잠시 다녀온 도쿄에서, 마지막 날 나는 혼자 남기를 택했다. 가족들이 먼저 돌아가고 혼자 남은 내가 가장 먼저 들른 곳도 서점이었다. 도쿄에는 대형 서점부터 골목의 독립서점까지 각각의 색깔이 뚜렷한 서점들이 많았다. 정갈하면서도 개성 있는 큐레이션 덕분에 책을 고르는 재미도 있었고, 공간도 함께 읽어나가는 것 같았다. 덕분에 도쿄의 서점을 다니는 동안은 시간이 어떻게 흘러가는지도 몰랐다. 그렇게 서점은 내게, 혼자 있는 시간을 고독하지 않게 만들어주는 곳이었다. 오래 혼자 살아도 완전하게는 채워지지 않는, 홀로 남았을 때의 공허함을 달래주는 어떤 욕구가 충족되는 공간.

내겐 룸메이트가 있었던 적이 한 번도 없었다. 스무 살 때부터 혼자 살아온 시간만큼 오롯한 내 시간, 내 공간의 의미는 더욱 커졌다. 처음 혼자 살았을 때는 외로워서, 혹은 너무 공허해서 휴대전화만 들여다보았다. 그래도 국문학 전공자였는데, 이상하게도 그땐 책을 읽을 생각은 들지 않았다. 갑자기 혼자가 된 그 공허함을 달래줄 것은 사람뿐이라는 생각이 앞섰다. 그 외로움은 대학 시절의 연애를 낳았고, 여러 친구들을 불러내었다. 이때의 내가 써냈던 시들을 가만 보면, 내 방은 눈물과 무력감이 가득한 우울하기 그지없는 곳이었다. 그렇게도 고독이라는 단어가 내겐 불안하고 내가 설 자리를 자꾸만 없어지게 만드는 파괴적인 것이었다.

그러나 이제는 내가 결혼이란 걸 만약 하게 된다면, 가장 힘들어할 것은 누군가와 함께 산다는 사실 자체일지도 모르겠다는 생각이 든다. 주말 중 하루는 혼자서 고스란히 보내야만 주간을 지낼 힘이 충전되고, 퇴근 후에는 운동을 끝내고 홀로 앉아 드라마를 보는 것이 가장 기다려진다. 누군가와의 약속이 생기면 그것이 반가우면서도 한편으로는 나만의 시간이 사라지는 것이 아쉽기도 하다. 집에서 휴대전화만 들여다보던 나는, 어느새 고독을 즐기는 사람으로 변해버렸다. 요즘의 내가 쓰는 글들은 그래서인지 예전보다는 여유 있다. 불안은 조금 거둬졌고, 혼자인 방은 생각보다 외롭지 않다. 그렇다고 해서 혼자가 늘 좋은 건 아니지만, 혼자를 즐길 줄 알게 된 것은 스스로 대견스럽다.

서점이 좋다고 하다가 나의 혼자살이 역사를 돌연 말하게 된 것은, 지난 주말에 3년 전까지 살던 동네에 찾아가 여행하듯 서점을 들렀기 때문이다. 홍대에서 3년을 살았는데, 그곳에서는 혼자 집에 있는 것이 때로 너무 고독해져서 카페에 나가 있거나 친구들과 술을 마시는 데에 내 시간을 모조리 써버렸다. 어딘가 말하고 싶고 누군가의 경청이 그리웠던 그때의 나를 생각나게 하는 거리를 걷다 보니 기분이 묘하게 씁쓸해졌다. 감상에 젖기도 했고, 괜히 그때 찍었던 사진들을 들춰보기도 했다. 집에서 걸어 다닐 수 있는 이대부터 망원까지 모두 내 구역이라고 칭하며 홍대를 사랑하던 나는, 이 넓은 곳 어디에도 나는 없을 수도 있겠다고 생각했다. 내가 설 곳이 이곳 어딘가에 있기는 한가? 내 진정한 집은 어디인가? 홍대는 내게 그래서 친근하고 늘 그립지만, 내내 이방인이라는 '낯선 친숙함'을 느끼게 했던 곳이었다.

그런 곳에 가서 내 여행 버릇을 끄집어내 서점에 가니, 묘할 수밖에 없었다. 늘 어딘가 허전하게 만들었던 동네의 서점에 적당한 기대감을 안고 가서는, 그 무슨 안정을 취하려 하다니. 홍대를 떠난 사이 너무도 달라진 나의 변화가 너무 와닿아서 기분이 이상했다. 자그

마한 동네 서점에 가서 그곳에 있는 책을 모두 꼼꼼히 열어보고서는 책 하나를 골라 자주 가던 북카페에 들러 책을 읽었다. 그 평온한 시간은 지금의 내가 외로움이나 고독 같은 단어를 부정적으로 받아들이고 있지 않음을 보여주는 것 같았다. 스스로 공허한 마음을 달랠 줄 아는 내가 되었다는 것. 허전함을 다른 누구를 통해 달래려 하는 게 아닌, 자가 치유의 여유를 부릴 줄 아는 사람으로 변하고 있다는 것은 내게 꽤나 큰 의미였다.

혼자를 권하는 사회에서 이 권유를 뿌리치지 않고 잘 받아들이고 살기까지 외롭다는 말을 몇 번이나 읊조린지 모르겠다. 고독이 익숙해진 지금도 간혹 급습하는 공백들을 채워나가려고, 가끔 나는 서점에 들를 테다. 그것이 언제까지 혼자일지는 모르겠지만!

만남의 농도

말과 마음이
닿기까지

　'고얀 버릇'이 생겼다. 누군가를 만나는 일에 대해 기회비용을 따져보게 되는 버릇. 감히 내가 뭐라고, 상대와의 시간을 재단하고 있는 건지 스스로가 재수 없다는 사실에 코웃음을 치게 된다. 나도 모르게 마음속 저울이 먼저 움직여서 그 계산을 멈추기가 어렵다.

　만나서 무슨 이야기를 나눌 수 있을지 떠올려 본다. 의미 있는 대화가 가능한 사이인지, 지금의 내가 그와 나눌 수 있는 말이 남아 있는지. 예전과 지금이 별 차이가 없다면 같은 대화만 또 맴도는 사이가 되지는 않을지. 대화가 반복될수록 관계가 깊어지는 것이 아니라,

흐려지는 경우가 있다는 걸 알게 된 이후로는 말과 대화의 무게를 따지게 되었다. '대화가 관계를 지탱하는 방식'을 자주 떠올리면서. 대화가 오가는 동안 상대의 얼굴을 읽고, 내 마음에 남는 말이 있는지 더 살핀다. 진정한 대화란 단순히 말이 오가는 것이 아니라, 마음이 닿는 시간이라는 것을 이제야 조금씩 알아간다.

 이전에는 만남 그 자체에 더 의미를 두었다. 함께 있는 그 시간만으로 내 외로움도 덜어지고, 다양한 사람들을 만나는 것이 내 세계가 넓어지는 것처럼 반가웠다. 그런 만남도 시간이 지나면 지치는 것인지, 이제는 만남 안에서 오가는 말의 깊이에 더 마음이 간다. 어떤 대화가 내게 남고, 어떤 말이 금세 잊히는지 생각한다. 중요한 건 얼마나 솔직하게, 서로를 향해 있는가 하는 대화의 태도였다.

 본디 말하는 걸 좋아한다. 듣는 것도 좋아하지만, 내 이야기를 하는 데에 솔직한 편이다. 이 이야기는 꺼내지 말아야지, 하는 조절이 내 사람들 앞에서는 잘 안되는 편이었다. 허나 '고얀 버릇'이 생긴 후부터는 그 자리에 나갔을 때 어떤 대화가 오갈지 떠올려 본다. 마음을 터놓는 대화가 가능한 사이인지, 서로의 이야기가 궁금한 사람인지, 내가 진심을 꺼내도 어색하지 않을 사람인지. 이렇게 생각하고 만난 자리에서는 남는 말이 많아졌다.

대화에 대해 더 많이 고민할수록, 내가 어떤 말을 할 수 있을지보다 그 사람이 어떤 말을 듣고 싶어 하는지를 떠올리게 된다. 물론 그 말을 꺼내지도 못하고 헤어질 때도 많다. 때론 침묵이 답이라는 것을 느낄 때도 있으니까. 억지로 말을 찾다 보면 잊힐 말들만 내뱉는다는 걸 점차 알아간다. 침묵의 가치를 알아가면서, 대화하는 법을 배운다.

그 사람에게 무슨 말이 힘이 되는지 알 수 없을 만큼 멀어진 사이에서는, 말보다는 거리를 택하게 된다. 가까이 지내던 사람일지라도 이런 시간이 꼭 온다는 걸 얼마 전에야 깨달았다. 섭섭하거나 억울한 마음도 예전만큼 오래 가지 않는다. 마음이 멀어지면 대화도 변한다는 걸, 그것이 자연스러운 일이라는 걸 인정할 만큼은 나이를 먹었다.

말이 적어졌다는 건, 외로움을 견딜 줄 알게 되었다기보다 고요를 택한다는 뜻이다. 침묵을 견딜 수 있을 때라야 비로소 마음 깊은 곳에서 치솟는 말이 생겼다.

그런 말은 상대를 마주했을 때 더 진하게 번지고, 오래도록 남을 것이다.

  이제는 누군가를 만날 때 만남의 농도를 가늠해 본다. 그 사람에 대해 조금 더 고민하고, 생각도 해보고 만나고 싶다. 그 사람과의 만남을 미루더라도 그런 관계를 이해해줄 수 있는 사람들과 관계를 이어가고 싶다. 우리의 대화가 옅어지기 전에. '가끔씩 오래 보자'는 말이 현명하게 느껴지길 바라는 마음으로.

아무래도 내 그릇은 작지만

1인분의 삶

간밤의 TV 시청으로 눈물을 쏟았더니 눈이 무거워졌다. <유 퀴즈 온 더 블럭>을 본 탓이다. 눈물이 많은 타입이라 휴머니즘 가득한 프로그램을 볼 때면 금방 눈시울이 붉어진다. 이번 편은 이 혼란스러운 상황(코로나19)에서 가장 '수고하고 있는 사람들'에 대한 내용이었다. 대구가 고향인 나는 가족들과 몇 주째 전화로만 안부를 물어보고 있다. 가족들과 함께 있을 수 없는 상황이다 보니 이 혼란이 어떻게 진행되고 있을지 가늠이 되지 않아서 더욱 걱정이 되었다. 아, 사실은 이렇게 걱정만 하고 있었다. 어떤 행동도 취하지 않은 채로.

내가 할 수 있는 게 별로 없단 건 사실이다. 이 상황이 나아지기만을 바란다는 별 의미 없는 기도만 하고 있다. 그런 내게 '수고하고 있는 사람들'은 찡한 물음으로 다가왔다. 환자들을 치료하고 있는 간호사와 의사들, 코로나 맵을 만든 개발자, 다녀간 사람이 없지만 연신 소독하고 있는 가게 사장님들. 각자의 자리에서 이 상황이 끝나기를 간절히 바라며 열심인 분들의 모습을 보고 나니 생각이 많아졌다.

어린 시절의 꿈은 대개 누군가에게 어떤 선한 영향을 끼치는 사람이 되는 것으로 귀결된다. 나 역시 기자가 되어 사회의 어두운 면을 파헤치며 정의를 이루겠노라 꿈꾸던 어린이였다. 그런 대의를 품는 게 내겐 벅찬 일이었음을 깨닫게 된 건 그 꿈을 품은 지 채 10년이 되지 않은 때였다. 대학교 때 학보사 기자를 해볼 만큼 기자라는 직업에 관심이 있었다. 취업을 준비하던 때에 그 관심 덕에 언론사 인턴을 하기도 했다. 그러나 기자를 꿈꾸는 이들 사이에 선 나는 왜인지 계속 위축됐다. 선배들이 말하는 기자의 일상은 내가 원하는 삶이 아닌 것만 같았다. 어쩌면 나는 사회적 대의보다 내 일상을 누릴 수 있는 소박한 날들을 더 원했던지도 모른다. 결국 언론사 인턴을 두 번이나 박차고 나왔고, 내 삶을 누릴 수 있는 직업을 찾아갔다. 그때부터 점차 나만을 생각하면 되는 1인분을 위한 삶을 살고 있다. 출근과 퇴근, 그리고 운동과 쉼과 독서. 내 인생에는 오로지 나만 존재한다. 이것만 해도 내겐 벅차다.

나만 존재하던 삶에 갑작스레 '이대로도 괜찮을까?' 하는 질문이 던져지니 당황스럽다. '좋은 사람'이 되고 싶어서인가, 나도 누군가에게 영향을 끼치고 싶다는 '관종'의 기운인가, 나의 쓸모에 대한 본질적인 고민 탓인가. 본인은 아무래도 괜찮다며 당장 대구의 병원으로 달려간 의료진들의 인터뷰를 보면서 그들의 사명감이 무척이나 대단하다고 생각했던 게 떠올랐다. 그래, 갑작스레 고민하게 된 건 타인과의 비교에 의한 자아 성찰이다. 내겐 없는 세상에 대한 책임감과 직업의식이 부러웠던 건지도 모르겠다. 세상엔 대단한 사람들이 실로 많다. 그들은 자기의 일을 할 뿐이라고 하지만, 그것만으로도 대단한 영향을 끼치고 있는 사람들.

언니, 나는 오늘도 일기에 써. 아무것도 모르겠다고. 한 명의 노력으로 바꿀 수 있는 일은 아무것도 없다고. 그런데 언니, 나는 또 다른 걸 알고 있어. 한 명의 노력으로 모든 것을 바꿀 수도 있다는 걸. 그 가능성마저 져 버리기엔, 나는 그럼에도 정말 어쩔 수 없는 대한민국의 경찰관이라는 걸. 나의 이야기가, 지금도 무수한 현장에서 나와 같은 마음으로 고개를 숙이고 있는 경찰관의 외침이, 마냥 흩어지기만 하는 것은 아니라는 걸. 민들레 홀씨가 날아가듯 바람에 의해 이리저리 흔들리겠지만, 결국 어딘가에는 단단히 뿌리를 내리고 이 이야기를 더욱 퍼뜨릴 수 있을 거라는 가능성을 나는 굳게 믿고 있다고.

원도, 『경찰관속으로』 중에서

나 하나로 세상이 바뀔까 하는 생각을 가끔 한다. 텀블러를 챙겨 나갈 때마다, 비닐백이 아닌 장바구니를 내밀 때마다 드는 의문이다. 이런다고 나아질 수 있을까 하고. 하지만 곧 남아 있는 양심을 확인하고는 의문을 접는다. 나아질 걸 바라는 게 아니라 나의 양심을 지키기 위함이라고. 여기서도 결국엔 나를 생각한다. 내가 가질 수 있는 삶의 경계는 여전히 나에게 한정되어 있다. 이것이 바람직하지 않다고 생각하는 건 아니다. 나 하나를 잘 보살피는 것도 어려운 세상인 건 누구나 마찬가지니까.

다만 긍정적인 기운이 희미해진 지금, 그래도 우리의 삶을 윤활하게 만들어주는 이들에 대한 고마움과 존경이 퍽 들었음을 말하고 싶었다. 나 하나쯤이야, 하고 버려버릴 수도 있는 마음들을 나는 괜찮다며 기꺼이 행하는 마음들이, 세상에 존재하는 것들이 사라지지 않도록 아껴주는 사람들이 있어서 정말 다행이다.

내가 행하지 못한 책임감에 대해 생각한다. 아무래도 나는 내가 가장 중요하다. 하지만 스스로 가장 중요하게 여기는 사람들이 많아지면 적어도 그 생명들은 보전되지 않을까 또 생각한다. 세상에 선한 영향력을 끼치는 건 아무래도 어렵다면, 나의 쓸모를 발견하고 아낄 줄 아는 것이야말로 지금을 잘 헤쳐 나가는 방법이 아닐까. 희망이 잘 살아남았으면 좋겠다.

나의 작은 연못에서

안식처 하나쯤은
두고 살자구요

점심시간이 되면 도시락이나 간단한 먹을거리를 사 들고 회사를 나선다. 내 걸음의 종착지는 여의도 공원의 작은 연못이 될 테지. 이상하게도 자꾸만 생각이 나는 곳이다. 이곳에만 오면 나는 강호한정(江湖閑情)과 안분지족(安分知足)을 노래했던 윤선도가 되는 것만 같다. 보길도에 반해 그곳에 집을 짓고야 만 윤선도는 될 수 없지만, 여의도 회사원의 분수에는 딱 제격인 나의 작은 연못. 이곳에 가기 시작한 뒤로 회사 생활이 한결 여유로워졌다.

산수간 바회 아래 띠집을 짓노라 하니
그 모론 남들은 웃는다 한다마는
어리고 햐암의 뜻에는 내 분인가 하노라
잔들고 혼자 안자 먼 뫼흘 바라보니
그리던 님이 오다 반가옴이 이리하랴
말씀도 우움도 아녀도 몯내 됴하 하노라

누고셔 삼공도곤 낫다 하더니 만승이 이만하랴
이제로 헤어든 소부 허유 낙돗더라
아마도 임천 한흥을 비길 곳이 업세라

윤선도, 「만흥」 중 일부

볕이 예쁘게 드는 날은 더할 나위 없고, 여우비가 내리는 날에는 촉촉한 운치를 품고 있으며, 요즘과 같은 여름의 초입에는 연꽃이 피어 한없이 연못을 바라보게 만든다. 늘 꿈꾸는 지베르니에 있는 모네의 정원이 생각나기도 하고, 12시 30분이 되면 흐르기 시작하는 냇물 소리는 어느 계곡에 와 있는 것 같은 착각을 주기도 한다.

나의 작은 연못으로 가는 여정에서는 회색에서 초록으로의 색 변화를 눈으로 맞이하게 된다. 회색 빌딩들을 헤치고 여의도 공원에 도착하면, 파란 하늘과 갖가지 꽃, 흙, 그리고 나무가 보인다. 그러다 연못 입구에 닿으면 초록으로만 덮인 숲이 펼쳐지고, 걷다 보면 숨겨진 정원이 펼쳐진다. 이곳을 발견하게 된 것은 아마도 초록으로 뒤덮인 어느 곳을 찾아 헤매던 나의 간절함 때문이었을지도 모르겠다. 파란 하늘 밑의 초록 나뭇잎들이 바람에 나부끼는 소리를 들으면 벅차올랐다. 소름이 돋기도 했다. 길을 걸을 때면 이어폰을 늘 끼는데, 이곳에선 새 소리를 들으려 이어폰을 뺀다. 온전히 초록을 누릴 수 있는, 초록을 동경할 수 있는 나의 안식처에서.

안식처 하나쯤 품고 있다는 것은 내가 살아온 방식을 흔들어 놓기도 하는 것이었다. 본디 반복된 무엇을 쉽게 질려하는 편이어서, 집에 가는 길도 다른 루트를 만들어서 가는 사람이니까. 매일 같은 장소에 가기 위해 같은 길을, 같은 시간에 걸어가는 규칙적인 삶이란 나다운 것은 아니었다. 반복되는 무엇 속에서 행복을 느끼게 되리라곤 생각도 못 한 일이었다. 지금은 이곳에서 먹을 도시락을 준비하는 시간부터 설렌다. 매일 같은 곳에 가지만 이곳은 늘 새롭다. 이 모든 걸 행복해하는 나를 보는 것도 새롭다. 그래서 내 속을 스스로 한 번 더 들여다보게 된다.

  그리 넓지도 않은 여의도 공원이건만, 나의 작은 연못을 발견하기까지는 꽤 오랜 시간이 걸렸다. 그간 나의 점심시간은 맛있는 걸 먹고 커피를 사 들고 와서는 수다를 떠는 것이 전부였다. 바깥 음식이 지겨워질 무렵, 도시락을 싸 오면서 같이 먹던 친구들과 밥을 따로 먹게 되었고, 점심에라도 걸어야겠다는 생각이 불현듯 들어 점심 산책을 시작했다. 여의도 공원을 다양한 루트로 걸어 다녔다. 하루는 왼편, 하루는 오른편, 하루는 여의나루까지. 매일 루트를 바꾸어 다니는 재미가 있었다. 그즈음 초록의 입구에 이끌려 이 연못에 처음 발을 딛게 되었고, 그 이후부터는 루트를 바꾸어 다닐 필요가 없어졌다. 연못은 일상이 되었다.

  어떤 것, 어떤 사람이 내 일상으로 건너온다는 건 나를 채워주는 의미이기도 한 걸까. 일주일에 두 번의 저녁 수영, 수영 후의 킥복싱, 수요일의 오케스트라 연습, 그리고 나의 연못에 들르는 일. 매일 연락하며 내게 힘을 주는 사람들. 내 일상이 된 이 모든 것들이 나를 이전보다 더 나은 사람이라는 생각이 들게 해주었다.

  대학 시절의 내가 그립긴 하지만 돌아가고 싶지는 않

다. 채워지지 않은 상태의 나는 방황하기 일쑤였다. 취미는 딱히 없었고, 누가 부르면 부르는 대로 나가 놀았다. 스스로 판단이 서지 않아 끊어야 할 관계도 모르고 정에 이끌려 여러 사람을 만나기만 했다. 한 번 더 생각하지 못하고 그때그때 끌리는 대로만 살았다. 물론, 그 시절의 나는 그렇게 무너진 채로도 사랑스럽다. 무너져 보는 것도 그 나이의 내가 할 수 있는 일이었을 테니까. 던져진 대로 살았던 내가 있기에 지금의 일상을 사랑하게 된 것은 아닐까.

힘든 것을 털어낼 무엇을 지닌 사람들은 그래서 매력적으로 보이나 보다. 어떤 노래, 사람, 물건, 운동 등 무엇이더라도. 털어낼 줄 안다는 건 본래 자신의 모습을 알고 있다는 의미이기도 하니까. 내가 있어야 할 곳, 나의 자리, 나의 본질을 파악하고 있는 사람일 테니까. 더 좋은 사람이 되고자 하는 누군가의 노력은 그래서 일상을 보면 드러나기 마련이다.

다행이다. 지금의 내가 나를 아낄 줄 아는 사람이 되어 있어서. 복잡한 마음이 들 때면 안식처를 찾아 떠날 줄 아는 사람이기도 해서. 쌓아두지 않고 털어내는 사람이어서. 자꾸만 가고 싶어지는, 마음이 향하는 장소를 둔다는 게 이렇게나 든든해졌다. 살아가는 동안 이

안식처를 여러 곳에 둘 수 있기를 바란다. 그 장소들은 모여서 나를 채워 넣을 것이고, 그 순간을 누렸던 기억들은 나를 수시로 깨워줄 거라 믿으니까.

  나에게 안식을 가져다주는 곳이 가까이에 있을지도 모른다. 꽉 잡힌 마음으로 살고 있다면, 무언가를 누리고 있다고 생각한 지 오래되었다면 마음이 잡아 이끄는 대로 무작정 걸어보면 어떨까. 안식처 하나쯤 마음에 품고 사는 삶은 생각보다 더 풍요로우니까.

좋아하는 것에 대한 의리

놓지 않으면
잘하게 될 거야

　무언가를 좋아하면 의리 같은 게 생기는 습성이 있다. 금방 빠졌다가 싫증 나는 단순한 기호 수준이 아니라 정이 생겨 마음 한구석에 그것의 씨앗이 싹튼다. 한번 싹이 튼 감정은 촘촘히 뿌리를 내려 천천히 자라나고, 튼튼한 나무가 된다. 좋아하는 것들은 생각날 때마다 나무 아래로 가 나를 쉴 수 있도록 한다. 그 나무를 찾는 빈도가 잦을수록, 더 오래될수록 그것은 나의 일상을 차지하게 된다. 그렇게 좋아하게 된 무엇이 나에게 번지는 과정에는 더 잘하고 싶어서, 더 잘 알고 싶어서 열심히 설렘을 오랫동안 갈고 닦은 내가 있다.

좋아하는 사람을 못 이긴다는 말은 그래서 당연할 수밖에 없다. 타고난 재능을 무시할 순 없지만 좋아하면 꾸준히 하게 되고, 그 꾸준함에 들인 시간과 고민은 몸 어딘가에 뿌리를 내려 점점 잘하게 될 것이다. 느리더라도 자꾸 들여다보고, 놓지만 않는다면 그것 역시 나에 대한 의리를 발휘할 거라고 믿는다. 믿다 보면 내겐 정말 좋아하는 것이 힘이 되어 잘하게 된다.

내가 지키고 있는 의리는 꽤 많다. 그래서 누군가를 만나고 있지 않아도 항상 할 거리가 넘쳐나고 바쁜지도 모르겠다. 지금 다니고 있는 체육관과 헬스장에서 좋은 관장님과 트레이너 선생님을 만나 운동이 더욱 즐거워졌다. 그래서 몸이 좋아지고 있다는 것을 느껴 운동 시간은 꼭 빼 둔다. 또 회사 근처 공원에 있는 '나의 연못'을 점심시간에 주기적으로 들러 초록의 힘을 받는다. 음식을 좋아해서 가리는 것 없이 잘 먹지만, 건강을 생각해 하루에 한 끼는 샐러드를 먹겠다는 스스로와의 약속을 꽤 잘 지키고 있다. 틈틈이 좋아하는 연예인의 덕질도 놓치지 않는다. 따릉이 정기권을 결제했으니 날씨 좋은 날에는 자전거에도 올라야 한다. 오랫동안 몸담아 온 시조를 들여다보고 쓰는 일도 멈추지 않아야 한다.

애정하는 나의 사람들과의 관계도 놓치지 말아야 하니 분기에 한 번이라도 얼굴을 볼 수 있어야 한다. 좋아하는 것에 대한 의리를 지키는 것만 해도 시간이 부족하기 때문에 심심할 수가 없다. 하루하루를 꽉 채워 살고 싶다는 욕심이 큰 것은 지키고 싶은 것들이 많기 때문이다.

그래서인지 무언가에 미쳐서 해보지 않은 사람은 그리 매력적이지 않다고 느낀다. 그런 사람을 발견하면 무엇이라도 좋아하는 것을 만들어주고 싶은 오지랖이 발동하기도 한다. '퇴근 후에는 뭐 해?'라는 물음에 쫑알거리며 이야기할 수 있는 사람과는 많은 이야기를 할 수 있지만, '그냥 밥 먹고 쉬다 자는 거지'라는 답을 하는 사람과는 대화가 잘 이어지지 않는다. 만나서 하는 이야기라곤 자신의 힘듦에 대한 토로나 뒷담화만 늘어놓는다면 그와는 점차 거리를 두게 된다. 자신이 즐길 무언가를 포기하는 것만큼 삶의 의지를 잃어버리는 건 없다고 생각하니까. 그러나 장담할 수 있다. 내 시간과 공을 들인 무언가에서 성취를 맛보게 되면 다른 것들도 좋아하고 더 잘하고 싶어지게 될 거라는 걸. 그 하나로 인해 자신이 알고 있던 틀에서 훨씬 벗어난 사람이 될 거라는 걸.

  후에 아이를 갖게 된다면, 잘하는 것이 많은 아이보다 좋아하는 게 많은 아이로 기르고 싶다는 말을 자주 한다. 1등이 되는 것보다 잘하고 싶은 게 있는 아이가 될 수 있도록. 꾸준하게 좋아할 수 있는 것이 있다면 언젠가는 잘하게 될 테니까. 도중에 놓지만 않으면 된다. 좋아하는 것을 하고 있는 자신의 모습이 꽤 괜찮다고 느끼는 사람이라면, 그것과 끈끈한 관계를 유지하는 사람이라면 일상을 즐길 줄 아는 사람이 되어 있을 테다. 즐기다 보면 새로운 자신을 발견하게 될 것이고, 그런 자신이 대견해 새로운 것에도 점차 도전하게 될 거라고 믿는다.

  다시 시작하고 싶은 취미, 해보고 싶었으나 늦은 것 같아 시도하지 못하는 것이 있다면 늦지 않았으니 내게 싹 틔울 수 있을 시간을 들여보면 좋겠다. 그 뿌리가 내게 얼마나 깊게 내릴지는 감히 예측할 수 없으니까. 좋아하는 것과 의리를 쌓는 일은 나를 충분히 바꿀 수 있으므로.

시간을 껴안는 사람

자꾸만
뒤돌아보게 되는 이유

여기 머물면 여기가 현재가 돼요. 그럼 또 다른 시대를 동경하겠죠. 상상 속의 황금시대. 현재란 그런 거예요. 늘 불만스럽죠. 삶이 원래 그러니까.

영화 「미드나잇 인 파리」 중에서

늘 무언가를 그리워하며 산다. 시간 돌이켜보기를 즐겨 하는 내겐 그리워하는 시간이 꽤나 많은 편이다. 고리타분하고 고루해 보이지만, 가장 좋아하는 영화 <미드나잇 인 파리>의 주인공이 그러하듯 나 역시 동경하고 있는 상상 속의 황금시대가 있다. 그 시대가 내가 지나온 시간이건, 내가 겪지 않았던 과거 어느 때이건 간에 나는 과거를 동경하는 사람이다.

오래도록 고맙도록

  오래된 것에 대한 사랑은 엄마 껌딱지로 항상 엄마와 모든 걸 함께 했던 내 어린 시절부터 거슬러 올라간다. 엄마의 출퇴근 차를 탈 때마다 카세트 테이프를 즐겨 들었는데 주로 해바라기, 유익종, 최성수, 이문세 등의 음반이었다. 그때쯤부터 나도 모르게 나의 세대보다는 조금 거슬러 올라간 취향을 갖게 되었던 것 같다. 차 안에서 엄마와 함께 노래를 부르던 순간이나, 별 좋은 날에 가수 해바라기의 곡에 맞추어 엄마와 춤을 추었던 기억은 아주 행복한 순간으로 남아 있다. 지금도 내 플레이리스트에는 변진섭, 이문세, 김현식, 이소라의 노래가 함께 한다. 그리고 아빠가 즐겨들었던 올드 재즈도 작업 할 때마다 틀어둔다. 아이돌의 음악은 들어본 지가 꽤 오래 되었다.

  이런 내 고루한 취향은 영화에서도 드러난다. SF영화를 즐겨 보지는 않는 편인데, 재미없어서라기보다는 알 수 없는 미래에 대한 이야기는 왠지 힘겨워서라고 하는 편이 맞을 것 같다. 미래를 꿈꾸는 일은 내게 익숙지 않아서, 일어날 일들에 대해 상상하는 것은 어쩐지 무모하다고 느껴지기도 한다. 사실 친구들과의 농담에서도 일어날 확률이 전혀 없는 시답잖은 이야기하는 것을 즐겨 하지는 않는 편이다. 그러니까 내겐 익숙한 것, 실현 가능한 것들이 유의미한 것이다. 과거는 익숙한 것이고, 미래를 꿈꿀 때는 내가 실현 가능한 선에서만 생각한다. 이렇게 쓰고 보니 상당히 재미없는 사람으로 보인다.

좋아하는 공간들도 대개 과거의 숨을 이어가는 곳이 많다. 윤동주 시인의 언덕과 청운문학도서관, 한옥이 자주 보이는 경복궁 주변, 파리의 셰익스피어 앤드 컴퍼니, 부산의 보수동 책방 골목, 하동의 어느 다원 등. 예전 숨결을 그대로 지니고 있는 이 공간들에 있으면 그간 공간이 지나온 세월들이 조금이나마 느껴지고, 이 공간이 그 시간에는 어떤 곳이었는지, 지금은 어떻게 변했는지 더 알고 싶어져 또 찾게 된다. 그 공간에 잠들어 있는 시간들을 깨워보고 싶다. 흘러가는 시간 속에 홀로 그대로 남은 기분이 어떠냐고.

멀티플렉스 몰이나 백화점에 있으면 찌뿌둥한 느낌

이 자꾸만 드는 것은, 어떤 시간도 머금지 않은 공간 속에서 권태로움을 느끼기 때문이다. 이곳에 왜 존재하는지, 어떤 이야기를 지니고 있는지를 담고 있는 게 아니면 그 공간을 어서 빠져나가고 싶다. 말하자면, 내겐 기억하고자 하는 습성이 있는데, 기억하기 위해서는 지나온 시간이 꼭 필요한 것이다. 시간을 통해 그것의 존재에 의미를 부여하려 하니까.

잊어도 될 것은 잊어도 될 테지만

잊지 못하는 것, 계속 떠올리는 것은 결국 습관이다. 나는 애써 나의 지나온 시간을 지워버리려 하지 않는 편이다. 버리는 것도 잘 못 하는 편이다. 메신저를 초기화하지 못하는 것, 사진첩을 오래도록 정리하지 못한 채 용량을 차지하도록 두는 것, 오래된 편지까지 하나하나 고이 접어 두는 것, 필요 없는 책임에도 책장에 꽂아두는 것. 이 모든 것들이 결국 나의 잊지 못하는 습관 때문이다. 그 물건이 아까운 게 아니라, 그 물건에 담겨 있는 나의 시간이 아깝고 소중하다. 내 인생의 한 순간이라도 스쳐온 것들은 모두 소중하고, 그것들을 지니고 있으면 나의 시간이 채워지는 것 같다.

어떤 친구는 내게 그런 미련도 병이라고 했다. 일부러 시간을 내 살던 동네에 다시 가 보고, 드라이브를 뒤져가며 과거를 떠올리는 내게 말이다. 과거에서 그만 빠져 나오라고, 과거를 사는 사람은 뒤처지게 되어 있다고도 말했다. 그러나 나는 과거를 살진 않는다고 말했다. 현재를 무던히 잘 딛고 살고 있지만, 과거를 잊지 않으려 노력할 뿐. 지금의 나도 과거를 지나오면서 만들어졌고, 몰랐던 것을 새로이 깨닫게 된 데에도 지나온 나의 모습들이 있어야만 가능하다고 믿는다. 그래서 나의 부끄러운 모습까지도 하나하나 잊지 않고 기억해두려 한다. 부끄러워진다는 것은 그때는 몰랐던 것을 지금 깨닫게 되었다는 뜻일 테니, 깨닫기 전과 후의 나를 비교하는 것도 제법 재미있으니까.

LP와 카세트테이프가 되돌아왔듯, 나팔바지가 다시 유행하듯 과거는 우리 곁에서 돌고 돈다. 할머니와 어머니의 음식이 모든 이들의 기억 한 편에 자리하고 있는 것도 같은 맥락이다. 과거를 기억하는 것은 비단 나뿐만이 아니다. 소중하게 생각하는 것이 있다면, 아름답다고 생각하는 것이 있다면 그는 분명 과거를 되짚고 있는 것이다. 그중에서도 나는 과거의 그것들이 여전히 아름다운지 자주 되짚어보는 사람일 뿐이다.

추운 겨울에 유독 사람들의 마음이 따뜻해지는 것은 연말이 다가와서일 것이다. 한 해가 끝나가는 12월은 직장에서는 결산의 달이고, 한 사람에게는 자기 반성의 달이다. 결산과 반성이란 과거의 이력을 떼고서는 할 수 없는 일들이다. 올해를 되돌아보게 될 시기, 유달리 마음이 애틋해지고 있다면 모두 한 번쯤은 과거를 되짚으며 추억에 잠기게 되지 않을까. 아무래도 오늘 밤은 또다시 사진첩을 들여다보게 될 것 같다.

나는 다시 오늘 즐거운 추억에 잠긴다. 내 반생의 단편들이 마치 전시회에 걸린 화폭처럼, 또는 스크린에 비친 영상처럼 내 눈앞을 지나간다. 이 추억들은 가난한 내가 모을 수 있었던 단 하나의 보물이다. 아무개 남작이 넘치는 재물로 사 모은 부유한 화랑을 닮았다. 나는 운명이라는 거친 손에 쓸려가는 와중에 아이가 길가의 풀꽃을 뜯으며 걷듯 나의 명화와 졸작을 조금씩 주워 모았다. 아무개 남작과 나의 차이는 단지, 남작의 즐거움이 그림을 바라보기보다 수집하기에 있는 데 반해, 나의 즐거움은 수집하기보다 바라보는 데 있다는 점이리라. 그러니 나는 오늘도 이 쓸쓸하고 비좁은 작은 방에 갇혀, 나의 기억의 화랑을 홀로 바라보기로 하자.

이쿠타 슌게쓰 저, 정수윤 역, 산문집 『슬픈 인간』 중에서

그럼에도 계속 쓰겠어요

시조를 쓴다는 것

　등단을 하고 나면 내가 겪는 모든 것들이 시어로 다가오겠다고 꿈꾸던 때가 있었다. 볼품없는 나의 시 세계가 등단이라는 옷을 입으면 날아다닐 거라고. 도서관 시 코너에 꽂힌 이들만큼의 재능이 없단 건 알면서도, 이들의 세계에 몸 담고 싶다는 생각만으로 벅차던 날들. 글을 쓰겠다고 마음먹은 게 어떤 이유에서인지, 어떤 시를 쓰고 싶은지도 정해놓지 않은 채 그저 '쓰는 사람'이라는 이름을 달고 싶었던 지도 모른다. 이런 치기 어린 생각으로 가득 차 있던 때에 '시조 시인'으로 당선되었고, 그 후로 10년이 흘렀다.

'시'가 아니라 '시조'라니. 지난 시간 동안 나를 소개할 때 '시조를 쓴다'고 하는 게 쉽지 않다는 건 이 장르를 쓰는 나조차도 시조에 대한 마음이 확실하지 않아서였나, 한참을 방황했다. 틀린 말은 아니었다. 시조 쓰는 사람이라고 나를 소개하면 한자를 두루 욀 것 같고, 전통 차를 마시며 시구를 읊어댈 것 같은 사람으로 보이는 건 아닐까 걱정되기도 했고, 실제로 그런 사람들을 여럿 보았다. '시조는 조선시대 때나 쓰던 것 아니에요?' 하는 질문을 가장 많이 듣고, '시조창 한번 읊어주세요'와 같은 요구들을 들어야 하는 '시조 쓰는 젊은이'로서의 위치가 자주 불편했다.

학교 수업 시간에 배운 시조는 '3장 6구 45자 내외, 종장 첫 음보는 3글자'라는 형식만 기억난다. 또 황진이나 윤선도와 같은 고시조들은 충이나 효 등을 주제로 담고 있어 고리타분하게 여겨졌다. 나는 한자도 잘 모르고, 심지어 고시조도 잘 외지 못한다. 이런 내가 한 음보씩 시어를 엮어가는 장르인데도, 구구절절 말해야 하는 비주류의 시 세계에 있다는 것이 억울하기도 했다.

언젠가부터 시어들을 붙들고 있는 게 혼란스러웠다. 그러다 회사에 다니면서 바쁘다는 이유로 더 내팽개쳐

졌고, '쓰는 사람'으로의 나는 매너리즘으로 가득했다. 그럼에도 어디서나 뒤로 밀려나는 비주류의 장르에 속해 있다는 건 자꾸 신경 쓰였다. 그게 억울하면 더 부지런히 써서 이 장르의 세계란 이런 것이다, 하고 보여주었어야 했는데, 그리 투철한 사람은 되지 못했다. 계간지에서 근근이 들어오는 청탁 원고로 내 이름이 시조계에서 잊히지 않을 정도로만 활동해 왔다. 아예 놓지 않았던 것은, 시조에 대한 애증이 밀려왔기 때문이다. 방황하면서도 내 근본은 시조에 있음을 늘 전제에 깔아두었다. 돌아갈 곳은 정해져 있다고.

제대로 알지도 못하면서 왜 이 장르에 붙어있었을까. 누가 '시조를 왜 쓰게 됐어요?'라고 물으면 별 이유를 답하지 못했다. 시작에 대해선 그럴듯한 답을 하진 못하겠지만, '왜 이 장르를 계속 해?'에 대한 답은 찾았다. 형식이나 글자 수 제한이 있는 시조에서는 내가 하고자 하는 말들을 절제하며 시어를 배치해야 한다. 이 절제들을 모아 보면 입으로 내뱉고 싶은 리듬이 생겨난다. 시가 춤추는 것 같다. 제약이 리듬으로 변화하는 걸 내 손과 입으로 느낄 때만의 희열이 있다. 시조의 이런 정형 때문에 시가 진척되지 않을 때도 많지만, 이걸 견뎌낼 새 시어를 발견하려는 노력 중에서 여러 단어를 복기하게 된다. 물론 이 과정을 지나는 동안 빈 페이지로 며칠을 보내곤 하지만. 내가 찾은 시조의 매력이란 '절제 속에서의 자유 찾기'랄까.

이 재미를 더 찾아가면서, 첫 시집을 준비하고 있다. 지난날의 내가 쓴 글을 보고 있자니 낯이 자꾸 뜨거워져 피하기만 했다. 이 작업에 매달린 게 거의 반년인데도 좀처럼 진도가 나가지 않는다. 그 와중에 시조 공부를 다시 조금씩 하다 보니 꽤 매력적인 장르라고 다시 생각하게 되었고, 애증이 애정으로 변화하는 와중이다.

며칠 전엔 나와 같은 고민을 하며 시조를 쓰는 동인들과의 만남이 있었다. 이제 시작하는 동인이기에 이름을 정하는 것부터 시작했는데, 여러 후보 중 우리의 마음에 든 건 '객'이었다. 시조 쓰는 2030대로서의 고민인 이방인 혹은 손님으로서의 면모가 드러나는 이름이었다. 50대 이상의 시인들이 대부분인 시조계에서도 우리는 떠돌고 있고, 현대시만 바라보는 독자들에게도 떠돌고 있는 우리들. 이 단어 속에 6명을 가지런히 놓아두면서 생각했다. 잠깐 머무는 어느 곳에서라도 시어를 퍼트릴 수 있는 사람이 되었으면 좋겠다고.

나를 소개할 때 '시조 쓰는 사람'이라고 자신 있게 말하며 이 장르의 매력에 대해 자랑할 수 있는 건 언제쯤이 될진 모르겠지만, 놓진 않겠다. 그럼에도 계속 쓸 것이다. 알아줄 사람이 생겨날 때까지.

움직이면, 단단해져요

탄력 있는 마음 만들기

땀 냄새가 나는 체육관에 들어선다. 거울 속의 내 모습을 응시하면서 섀도우 복싱을 하고, 샌드백에 힘껏 펀치와 킥을 날린다. 글러브를 끼고 있으면 감히 설렌다. 누구를 때리고 싶다거나 무언가를 잊기 위한 움직임은 아니다. 그저 내가 좀 더 단단해지는 것 같아서, 내가 생각지도 못했던 모습을 마주하고 있는 게 신기해서다.

킥복싱을 시작했다. 지인들은 의아해했다. 나도 어색해서 체육관에 등록하기까지 꽤 시간이 걸렸다. 스스로에게 변화를 주고 싶었던 게 가장 컸다. 퇴근 후 내 삶은 이 넷 중 하나다. 수영장에 가거나, 바이올린을 들고 연습을 가거나, 장을 보고 저녁을 만들거나, 누군가를 만난다. 이것만으로도 바쁘지만, 무언가 색다른 자극으로 나를 채우고 싶었다. 이제껏 내가 알아온 나라면 하지 않았을 것을 하는 건 어떨까 하고.

한 달이 지난 지금, 매일 저녁 체육관으로 가고 싶은 마음이 들 정도로 킥복싱이 재미있다. 거울 속의 나를 노려보는 게 아직 어색하지만, 그걸 보면서 원 투 펀치를 뻗어낼 줄 알게 되었고, 샌드백에 뻗어낸 킥은 빗맞기보다는 잘 맞는 때가 더 많아졌다. 몸도 마음도 강인한 사람이 되겠다는 스스로에 대한 믿음이 자라난다. 내가 나를 지킬 수 있겠다는 자신감도. 그것이 외부로부터든 내 마음으로부터든. 이상하게도 몸을 움직이고 단련할수록 마음도 단단해지는 기분이 든다.

영화 <카모메 식당>을 좋아한다. 식당의 주인 사치에가 하는 말들과 그녀의 일상을 보고 있으면 괜히 나를 다잡게 된다. 특히 저녁마다 무릎을 꿇고 기이한 합기도 체조를 하는 그녀의 모습에 반했다. "좋아 보여요. 하고 싶은 일 하고 사는 게."라고 말하는 손님 마사코의 말에 "하기 싫은 일을 안 할 뿐이에요."라고 답하면서 접시를 닦는 사치에. 이런 그녀의 강단은 저녁마다 단단한 마음으로 임하는 합기도 체조 덕분이 아니었을까. 영화 속 그녀의 행동들은 절제되었지만, 주저함이 없다. 긴장되어 있다거나 힘을 주지도 않는다. 손님이 없어도 기죽지 않는다.

어떤 것에도 무너지지 않을 탄탄한 마음을 가진 사람이 되고 싶다고 늘 생각했다. 하지만 나는 내 아픔이 가장 큰 아픔이었고, 그때마다 무너졌다. 그렇게 무너진 후에는 다른 사람들이 이런 날 어떻게 볼지 걱정했다. 나 자신이 무너져 있는데도 다른 사람들이 신경 쓰였다. 그건 내 마음도 물러터졌기 때문이었다고, 이제야 생각이 든다.

'카모메 식당'의 사치에가 한 것처럼 나도 몸을 움직이는 단련의 시간을 거치게 되자 점점 내 마음에도 탄력이 생겨났다. 몸에 새로운 자극이 오면 이건 어제의 어떤 시간이 만들어낸 결과물이라고 기뻐하게 되었고, 설사 부상을 입더라도 다음에는 이 자세는 조심해야겠다고 반추해 본다. 근육의 움직임을 느낄 줄 알게 되었다. 이 생경한 느낌은 앞으로 더 발전할 나의 모습을 스스로 기대하게 만들기도 했다. 앞으로 닥칠 무엇에 대한 걱정일랑 미래의 내가 하겠지, 지금의 나는 내 몸에 집중할 테니까 하고. 그런 걱정이 줄어들자, 어떤 것에서 행복을 느끼는지 좀 더 자주 깨닫게 되었다.

이제는 상처받을 일이 생기더라도 마음의 탄성이 생겨 덜 힘들 거라는 확신이 든다. 잊어내야 할 일은 땀을 흘리면서 튕겨내면 그만일 테다. 내 마음은 내가 지키지 않으면 아무도 지켜내지 못한다. 그건 엄마도, 아빠도, 심지어 신도 할 수 없는 영역이다. 위로를 받고 치유 받는 것에도 한계가 있다. 단단한 몸이 되지는 못했지만, 땀 흘릴 줄 아는 몸을 만드는 건 털어내는 법을 아는 것과 같다는 걸 늦게나마 깨닫기 시작했다.

단단한 내가 되면, 나는 누구도 될 수 있고, 누구에게도 내 자리를 내어주지 않으면서도 스스로를 지켜낼 수 있지 않을까. 그렇게 나의 모습을 잘 알게 된 사람이 되어서, 누군가가 필요로 할 때 그곳에서 있을 수 있다면 좋겠다. 안과 밖이 탄탄한 사람으로 어디서든 든든하게 있을 수 있도록. 강인하단 말이 어울리는 나로 만들어가기를, 언제까지나 움직이는 데 두려움이 없기를.

달리기가 내게 준 것

움직이는 몸,
깨어나는 마음

　저번 주말도 10km를 달렸다. 이번 기록은 1시간 8분. 길다면 길고 누구에게는 짧게 느껴질 시간이지만, 뛸 때마다 내 안에 새로운 면을 발견하게 된다. 저번 달리기 대회 때 같이 뛰던 사촌 언니는 내게 말했다. "누가 그러던데, 달리는 사람들은 저마다 달리게 된 사연이 다 있대. 그래서 더 간절하게 뛰는 거고." 나는 어떤 사연으로 달리게 된 걸까. 움직이는 일이라면 아직도 귀찮아하는 내가, 굳이 무거운 몸을 이끌고 강변에 나가 달리는 행동을 스스로에게 어떻게 납득을 시켜야 할까.

어릴 때부터 통통한 데다 몸치인 나는 운동이라면 자신 없었다. 특히 멀리뛰기나 단거리 달리기는 항상 뒤에서 몇 번째 속하는 체력을 가진 아이였다. 그러니까 부모님은 요즘 10km씩 달려내는 나를 보고는 많이 놀란 것 같다. 고작 몇 번 달렸을 뿐인데도 '선수가 되는 거 아니냐!' 하고 대견해하시는 걸 보면.

그러나 그 체력장 중에서도 중간 성적은 되던 종목이 있었는데, 바로 장거리 달리기였다. 그건 내가 체력이 좋아서도 아니고, 잘 달려서도 아니었다. 오로지 나는 이 거리를 꼭 달려내고야 말겠다는 질긴 끈기뿐이었다. 간혹 친구들이 더는 못 달리겠다고 이탈하는 경우도 있었는데, 시작한 것은 꼭 끝을 봐야만 했던 집요한 나는 장거리 달리기만큼은 꽤 괜찮은 성적을 냈다. 기왕 시작했는데, 끝을 보지 않으면 시도한 내 노력이 아까워서 무엇이던 마지막까지 해내야 했다.

이런 질기고도 집요한 끈기는 지금까지도 남아서 내게 장점이 되었다가 또 이내 단점이 되기도 한다. 누군가와 헤어지는 마당에도 이 관계를 끝까지 파 봐야 직성이 풀렸고, 게임을 시작하면 일주일은 내내 폐인처럼 살다가 할 수 있는 최대한으로 하고서는 지워버리고, 한 가수에 빠지면 그 가수의 전 앨범을 통틀어 외우고야 말았다. 또 모두가 포기하는 티켓팅에 간혹 성공하는 경우가 있는데, 누군가가 취소할 때까지 매일 들어가서 남은 자리를 확인하는 집요함 덕분이었다. 글쎄, 이렇게 말하고 보니 징그럽게 집요해서 질리는 사람이 된 것만 같다. 이미 그럴지도 모르지만.

아무튼, 몸치인 내가 달리게 된 사연을 스스로에게 납득 시키기 위해서는 나의 집요한 끈기를 들고 와야만 했다. 첫 시작은 스포츠 브랜드에서 매년 개최하는 마라톤에 돈을 내면서였다. 5만 원이라는 적지 않은 돈을 결제한 나는 어떻게든 이 대회를 끝내고야 말겠다는 오기가 생겼다.

대회를 앞두고 혼자서 5km를 처음 뛰어봤던 날을 아직도 기억한다. 아무리 달려도 5km는 오지 않았다. 뛰면서 휴대전화의 러닝 어플을 계속 쳐다보면서 언제 5km가 되나, 혹시 거리 측정이 잘못되고 있는 건 아닐까 하고 힘에 겨워했다. 그렇게 혼자서 10km도 채 뛰어보지 못하고 대회에 나갔는데, 오기와 승부욕 덕분인지 첫 대회에서 10km를 1시간 13분에 완주했다. 꽤 늦은 기록이지만, 운동과 담쌓고 지내던 내겐 스스로를 재평가하는 계기가 되었고, 그 후로 나의 기록을 갱신하고 싶은 마음에 자꾸만 대회를 등록하게 되었다. 그래서 다음 달에도 대회 하나를 더 앞두고 있다. 점점 내 기록두 단축되기를 바라면서.

  달리는 동안 나는 여러 가지를 생각한다. 나는 왜 달리는지, 지금 내 몸 상태는 어떠한지, 달리고 난 뒤의 내겐 무엇이 남을지, 이 달리기에 대한 보상으로 난 스스로에게 무얼 선물할지까지. 이런 것들을 생각하다 보면 나에 대해 스스로 점검해 보게 되고, 그 점검과 물음에 대해 답이 생길 때면 나에 대한 확신이 조금 더 생겨난다. 쉬는 날 멍하니 집에 누워 있는 것도 무척 좋아하지만, 간혹 그렇게 멍한 시간이 지나고 난 뒤 오는 허무함이 있어 되도록 쉬는 날에는 한 번은 밖에서 뛰고 오려는 편이다. 신기하게도 몸을 움직이고 나면 미루던 집안일도 어떻게든 하게 되고, 책장에 쌓아두었던 책들도 손에 한 번은 들게 된다.

  달리기를 시작하고 난 뒤부터, 다른 일들에서도 끈기가 꽤 오래 지속되는 것을 경험하고 있다. 나는 본디 바닥을 보고 나면 쉬이 빠져나오는 '짧은 끈기'의 소유자였다. 물론 아직 인내심이 많은 사람이 되지는 못하였지만, 연인이 몇 시간 동안 연락이 되지 않으면 불같이 화를 내던 내가, 그가 늦으면 어떤 사연이 있겠지, 하고 한 번 더 기다려보게 되었다. 친구들에게도 기분 상하게 된 즉시 화를 내기보다는, 그 친구는 왜 그런 말을 하게 되었나, 하고 한 번 더 생각 해보게 되었다. 예전보다는 화도 적어진 편이다. (그래도 화가 많은 사람이긴 하다.)

뛰는 행위는 단순히 내 몸을 움직이기만 하는 것이 아니라, 정신도 들게 하고 사유할 공간도 주는 것임을 조금씩 깨닫고 있다. 숨을 마시고 내쉬면서, 나의 이 시공간을 내 몸에 받아들여 채워가도록. 그래서 나는 얼마 전 수영도 다시 시작했고, 되도록 회사 밖에서는 몸을 움직이기 위해 부지런한 척이라도 해본다. 나는 매일 움직이는 부지런한 사람은 못 된다. 하지만, 이 움직임을 끊기지 않게 하려고 노력하는 사람이다. 에너지가 넘치지는 않아도, 끈기 있게 이어나가는 집요함으로.

몸치인 내가 달리다 보니, 실은 몸에 이상도 생겼다. 최근에는 허리가 안 좋아져 병원에 다니기 시작했는데, 아주 아이러니한 소식을 듣게 되었다. 여태껏 나는 잘못 달리고 있던 것이라는 사실. 엉덩이를 뒤로 빼고 뛰다 보니 팔다리 힘으로만 뛰고 있었다. 그러니까, 코어 근육은 뛸 때 거의 쓰이지 않았다는 이야기다.

이렇게 달리기는 내게 또 새로운 사실을 알게 해주었다. 코어 근육이 상대적으로 부족해서 숨을 쉬는 방법도, 앉거나 서는 방법도 서서히 다시 익혀야 한다. 신생아처럼. 이렇게 다치고 새로 익혀야 하더라도, 나는 조금씩 또 달려볼 테다. 내 몸과 마음을 새로 정비할 시간을 준 달리기니까. 내 집요한 끈기를 자극해 준 내 몸의 움직임이니까.

　어떤 취미는 몸의 일부가 되는 것 같다. 겨울 아침 자전거를 타고 떡집 아르바이트를 하러 가다 눈길에 미끄러진 후로 추워지면 발목이 시큰거린다. 하지만 그 감각은 그때 살던 마을의 골목골목을 떠오르게 한다. 해가 지면 가로등과 자전거의 전조등 빛만 드문드문 보이던 길, 묘한 공허감, 그럼에도 뭔가 해볼 수 있을 것 같은 생각에 벅찼던 기분. 동남아 어느 나라에 살 때는 빗물이 무릎까지 차오른 길에서 자전거를 타다 대차게 무릎을 박기도 했다. 참 힘들었던 그 시절의 기억도 통증으로 몸의 일부가 됐다. 그게 싫지 않다.

민바람, 『낱말의 장면들』 중에서

약발 좀 받겠습니다

기도하며 삼키는

한 움큼의 약

꼭 한 움큼의 약을 입에 털어 넣고서야 잠에 든다. 내가 말하는 약이란 비타민과 각종 건강 보조제 정도이다. '약을 털어 넣는다'고 하니 괜히 약쟁이가 된 것 같아 붙여보는 사족이다. 앉아서만 장시간 일을 하다 보니 몸 여기저기 안 아픈 데가 없었다. 그게 억울해서 약을 챙겨 먹기 시작했다. 직장에서의 일만으로 내 할당 에너지가 다 소진되는 것은 억울한 일이지 않은가. 잠들기 전 약통을 여는 행위는, 일종의 기도이기도 한 것이다. "제가 하고픈걸 다 해내게 해주세요"라고. 그것이 효과가 있는지 없는지는 별 체감이 되지 않더라도.

하고 싶은 게 많아진 뒤로는, 아프면 쉬어야 하는데, 그 쉬는 시간이 아까워졌다. 물론 내가 하고 싶은 것들이란 퇴근 후에 시작되는 일들이다. 운동에 흥미가 생겨 달리기에 킥복싱, 그리고 수영까지 하면 일주일 치 운동이 꽉 찬다. 매주 수요일에는 오케스트라 연습을 위해 바이올린을 들고 출근한다. 가끔 요리도 하고, 지인들과의 술자리도 가지며, 애인과도 만난다. 최근에는 시집 출간도 준비하고 있다. 모두 하고 싶어 시작한 일들이고, 다 잘 해내고 싶어지다 보니 약의 힘이라도 빌리고 싶었다.

부모님은 이런 내게 "힘 좀 빼고 살지"라고 하셨다. 너무 많은 걸 하려다 보면 다치기 십상이라고. 그러면서도 석류즙을 챙겨주시고, 크릴오일 한번 먹어보라며 약통을 건네셨다. 할머니는 노니 캡슐을 늘 챙겨주신다. 이렇게 건강 보조제를 서로 챙겨준다는 건 서로를 응원하는 일이다. 작년에는 직장에서 애정하는 선배로부터 프로폴리스를 선물 받았다. 함께 준 엽서에는 나의 건강에 대한 염려가 가득했다. 이렇게 챙겨 받은 약들은 약의 효능보다 약을 삼킬 때마다 그 마음들이 생각나 사랑을 삼키는 것만 같다. 그 마음들을 먹고 나는 또 자라나고, 점점 단단해진다.

지난 주말에는 우리 오케스트라의 공연이 있었다. 게임 속의 캐릭터가 '포션'을 마시듯이, 나도 이렇게 중요한 날이면 언젠가부터 '수험생 비타민'으로 유명한 어느 약을 마신다. 연주회 전날 리허설로 2시간, 연주회 당일 2시간짜리 연주를 2번 해야 하는 일정이기에 체력은 필수다. 거기에 1년간 이날만을 바라보며 연습해 왔기에 최고의 연주를 선보일 수 있도록 고도의 집중력 또한 필요하다.

이 모든 부담감을 담아 약을 뜯어 마셨다. 오늘 연주가 무사히 마치기를 바라는 마음으로. 연주회 전날 리허설에서도 반복적으로 틀렸던 부분이 많이 걱정되었다. 전날에는 정말 부담이 많이 되어서 무대 위의 내가 큰 실수를 하는 꿈까지 꿨다. 이런 부담과 걱정을 날려달라고 기도하면서 마셨던 약이니, 효과가 있어야만 했다.

약발은 꽤 성공적이었다. 반복해서 틀리던 부분을 덜 틀리게 되었고, 긴장감은 생각보다 덜했다. 1부 연주가 끝나고 나서는 단원들끼리 "와 우리 좀 잘한 것 같다"며 웃으며 내려왔다. 가장 걱정되었던 2부 연주에서 놓친 부분이 있었지만, 티가 나지 않도록 집중력을 발휘해 잘 넘어갔다. 연주회는 무사히 끝이 났다. 10개월가량 연습한 곡이 무대 위에서 끝이 나니 무척 후련했고,

오늘도 잘 받아준 내 약발에 감사했다. 실은, 약발이 아니라 나에 대한 믿음이었겠지만.

연주회를 마치고 난 뒤에는 그래도 무사히 마쳤다는 안도감과 조금 더 잘할 걸 하는 아쉬움이 남는다. 무엇보다 가장 크게 남는 것은 자신에게 직장에서의 삶뿐만 아니라 무대에서의 삶도 존재한다는 자기애와 성취감이 아닐까. 이를 위해 우리 모두가 모여 연습하고, 무대를 만드는 것임을 부인할 수 없다.

무대뿐만이 아니라 살면서 느끼게 될 어떤 성취와 자신에 대한 애정은 어떻게든 활력이 있는 모습으로부터 시작된다. 몸에 활기를 찾기 위해 운동을 하고, 건강 보조제를 찾아 먹으며 직장 밖에서의 내 삶에 대해 꿈꾼다. 오늘도 내가 원하는 일을 해낼 힘이 생겨나게 해 달라고.

약의 효능은 크게 체감하지 못할지라도, 한 알씩 삼키면 왠지 힘이 솟는 것처럼 상상을 하면 조금씩 몸에 힘이 생겨나는 것 같다. 약발이란 정말 약의 효험에 의해서가 아니라, 그런 나의 믿음이 한 알씩 몸에 쌓여 퍼져가는 게 아닐까. 약만을 믿고서는 효과가 생길 순 없다는 건 확실하다. 약으로 인해 내가 움직이고, 어떤 걸

해낼 거라고 힘을 내야만 내 몸도 반응할 테니까.

　누군가 건강 보조제를 한 움큼 챙겨 먹는다면 그는 스스로에게 주문을 외고 있는 것일지도 모른다. 그러니 무얼 그리 챙겨 먹느냐고 핀잔을 주기보다는 그를 응원해 주고 싶다. 그렇게라도 힘을 내어 보겠다는 그 마음이 대견하니까.

마감 효과에 최적화된 자의 변명

꾸준한 속도는 내지 못하더라도

야무지지 못한 나는 마감 효과에 늘 끌려다니며 사는 사람 중 하나다. 사실 이런 내가 출근하고 산다는 것도 대견하다. 뭐든 미리 하는 법이 없는 사람이라, 대학교 때까지도 시험은 늘 벼락치기였으며, 원고 청탁이 와도 마감일이 가까워져서야 겨우 한 자를 시작한다. 심지어 퇴근 후 화장도 잠들기 전까지 지우지 않고 미루다가 도저히 잠이 와 안 되겠다 싶을 때 지우는 적도 꽤 많다. 도저히 안 되겠다 싶을 때까지 버티다가 몸을 움직이는 건 좋지 않은 습성인 걸 스스로도 잘 알고 있지만 몸도 여기에 적응이 되었는지 바꿀 시도도 하지 않는다는 걸 요즘 느낀다. 내 삶의 속도가 점점 느려지는 것 같다고 생각했다.

어떤 누가 무언가에 빠져들면 부지런해진다. 한 친구는 어느 날부터 혼자 '베이킹 수련'을 시작했다. 하루 종일 회사와 사람들에 시달려 누군가를 만나면 대화가 좋지 않은 방향으로 흘러가는 걸 스스로 느꼈고, 거기서 오는 스트레스보다 혼자 지내는 편이 좋다고 생각했다고 한다. 그 김에 관심 있던 베이킹을 시작했고, 매일 퇴근 후 무언가를 만들 생각에 부풀어 일상에 제법 활기가 돌기 시작했다. 바쁜 시즌이 다시 왔지만, 친구는 주말 동안 오븐 앞에서 버터와 밀가루가 익는 냄새를 맡으면서 있다고 사진을 찍어 보낸다.

그저 늘어져만 있는 무기력한 요즘의 나는, 그녀를 보면서 내가 어딘가에 빠져들지 않아서 느려진 것인가 잠시 생각했다. 최근까지 내가 빠져 있던 건 운동이었다. 더 잘하고 싶고, 더 열심히 하고 싶어서 매일 몸을 움직였다. 생각해 보면 마감에 시달리지 않고서도 유일하게 자발적으로 몸을 움직인 건 운동이 처음이었다. 하지만 체력이 급격하게 떨어지고 몸 곳곳이 아우성을 치면서 2년 만에 매일 하던 운동을 한 달 쉬게 되었다.

단연 침대와 한 몸이 되었다. 역시 집중할 곳을 잃은 몸은 더 느려지기 마련이다. 몸의 속도가 느리게 타고난 사람은 무엇에라도 집중해야 빨라진다. 음, 어쩌면 게으른 자의 변명일지도 모르겠지만.

> 빈틈없이 날카로운 잣대는 늘어진 뱃살 드러나는 쫄티처럼 이제 내게 안 어울린다. 갑갑하고 각박하다. 남 보기에도 안 좋고 나도 불편하다. 야무지게 살려니 체력도 달린다. 오래된 휴대폰처럼 일 하나 처리하면 어느새 배터리가 한 칸만 남는다. 아무래도 다른 삶의 방식으로 살아야 할 때인가 보다. 게으름을 지혜의 알리바이로 삼지는 말되, 게으름이 아닌 느긋함으로, 조급함이 아닌 경쾌함으로, 주변의 것들과 어우러지는 행복한 삶의 속도를 만들어나가야겠다. 올라갈 때 못 본 그 꽃, 내려올 때 볼 수 있도록.
>
> 은유, 『올드걸의 시집』 중에서

본디 게으르다는 걸 나도 알지만, 넋 놓고 사는 내 모습은 또 싫어서 무엇이든 하려고 시도는 한다. 성취해내려고 마감을 만들고, 돈을 들여 클래스에 등록하고, 순간이라도 집중해 끝내고 만다. 시작이 반이라는 게 너무나도 실감 나는 삶이지만, 그렇게라도 해내고 나면 사람들에게 드러낸다. 인정 욕구 또한 넘치는 사람이라, 이렇게 보이는 것에 또 나름대로 만족한다. 그러다 보니 사람들은 내가 부지런하게 사는 사람이라고 생각하는 것 같다. 실제로는 잡아둔 일들에 끌려 겨우 따라가는 것뿐인데, 나더러 그만 바삐 움직이라고 한다. '겨우'라도 완수해 내는 건 그래서 중요한 걸까. 일을 잡아두면 어떻게든 끝내긴 한다. 도저히 못 하겠다고 포기하지만 않으면 삶은 어떻게든 돌아간다.

'어떻게든 돌아간다'는 내 말이 무책임하다 느낄 수도 있겠다. 꼼꼼하고 빈틈없이 돌아가는 삶을 살지 못하는 게 잘못은 아니니까, 하고 스스로 위안해 본다. 문득 쉬지 않고 며칠에 한 번씩 물을 주던 식물이 과습으로 죽었던 걸 떠올린다. 주인을 닮아서 쉼 없이 자라나도록 물을 준 건 이 친구에게 맞지 않았나 보다.

그냥 나의 속도는 천천히라도 나가는 게 맞는 거라고 인정해야 하는 게 맞는 게 아닐까 싶다. 그러니 어떻게든 돌아갈 거라고 스스로 다독이는 사람들이 책임감 없다고만 생각하지는 말아주었으면. 몸의 긴장을 늘 유지하는 사람과 그렇지 않은 사람은 다른 것뿐일 테니. 어쨌든 나아가고는 있으니까, 어떻게든 내 삶은 돌아갈 테니까 삶의 방식이 조금 다르다고 주눅 들 것도, 애써 자신을 부정하려고도 하지 않는 나의 태도를 나도 인정하겠다.

독자가 되어주길 바라는 마음

출간 이후의 관계들

 시집이 나왔다. 처음 실물로 노란 시집을 받아 든 날엔 손이 떨렸다. 대학 입학 이후 시를 쓴다고 모아온 것들이 헛되지 않았다는 걸 스스로 마음껏 기뻐할 수 있었으니까. 나의 독자로 내가 아닌 다른 사람들을 맞을 수 있는 기회가 되니까. 쑥스럽기 그지없는 작품들이지만 읽어줄 사람들이 실은 궁금했던 것이다. 반은 기대하고, 반은 떨리는 마음으로 세상에 내놓은 내 글들이 몇 안 되는 독자라도 만나길 바랐다.
 글이 모였으니 시집이 되는 것이지, 하는 덤덤한 마음으로 책을 만들 줄 알았다. 하지만 봐도 봐도 내 시는 성에 차지 않았고, 나는 자질이 없는 것인지를 퇴고 때마다 고민했다. 쓰는 사람이라는 자아는 왜인지 자꾸 허세 같았다. 서점에 늘어선 시집을 들여다보면 늘 부끄러웠다. 문득 시도 어렵게 헤쳐 나가는 세상에서 시조를 쓴다는 건 더 외로운 길임을 알고서도 걸어가는 내게는, 어쩌면 도취도 조금은 필요하겠다 싶었다. 그래, 기왕 쓸 책이라면 조금 더 나를 믿고 써 보자. 읽어주는 사람이 있을까 불안해하기보다 읽히게 만들자는 마음으로.

  시조 협회 회원들끼리는 책 발간 후 각 선생님들의 이름을 써 발송하는 것이 암묵적인 약속인데, 그렇다 보니 내게는 매주 2-3권의 시집이 집에 도착한다. 이 많은 시집들을 퇴근 후 읽어보기란 버거운 일이었다. 어느 때에는 뜯지도 못한 시집이 날로 쌓이기도 했다. 내 이름이 쓰인 시집들을 들고서도 감사하다는 연락을 제대로 하지 못한 적이 많았다. 이렇게 수신만 하는 입장일 때는 몰랐다. 독자가 되어달라는 부름에 기꺼이 응답하는 일만으로도 소중한 인연이 되는 일임을.
  그러나 이제는 알겠다. 그 연락 한 번이 어떤 의미인지를. 누군가의 이름을 써서 봉투에 주소를 쓰고 포장하여 부치는 일은 생각보다 큰 노고인 것이다. 독자가 되어주시라는 바람이 담겨 내게 도착한 책에는 독자가 되어보는 것이 당연한 예의였음을. 매일 도착하는 선생님들의 문자와 메일에 부끄러운 마음이 앞선다. 예의를 지키지 못했던 나에게 표현해 주시는 독자로서의 마음들이 감사하고 꽤 많이 위로가 되어서 또 힘이 난다. 마지막 20대를 건너는 와중 첫 시집은 이리도 내게 깨닫지 못한 것들을 깨우며 다가온다.

개별적 존재로서의 독자는 언제나 작품 다음에 태어난다. 작품이 곧바로 독자를 태어나게 하는 것은 아니지만, 독자를 태어나게 하기 위해서는 작품이 있어야 한다. 독자가 되려면 읽어야 하고, 읽으려면 읽을 책이 있어야 하기 때문이다. 아직 태어나지 않았으므로 그가 어떤 사람인지, 무엇을 좋아하고 무엇에 이끌리고 무엇에 흥분하는지 말할 수 없다. 알 수 없는 것에 대해서 말할 수 있는 사람은 없다. 존재하지 않는 것에 대해서는 더욱 그렇다.

이승우, 『소설가의 귓속말』 중에서

매일 용기 내어 연락처를 뒤져보고 있다. 오랫동안 닿지 못한 친구들에게 시집을 전한다는 핑계로 연락해

보기로 하면서. 그간 나는 이렇게 생각하고 살았노라고 전하면서 당신의 안부를 물어보자고. 그들의 이름과 사인을 써서 포장한 뒤 주소를 적는 수고를 해보자고. 생각나는 사람들은 예상보다 많았고, 그중에는 왜인지 어색하게 멀어져 몇 년간 연락을 하지 못한 사람들도 꽤 있었다. 지나치기엔 아까운 관계들을 한 번 더 두들겨 보기로 했다.

대부분은 무소식이 희소식이라 생각하면서 간간이 SNS를 통해 나의 소식을 보면서 잘 살고 있구나 했었다며 반가이 맞아주었다. SNS로 연결되어 있지 않았던 친구들에게서도 곧 만나자는 (어쩌면 기약 없을지라도) 약속으로 연락을 마쳤다. 그러나 지난 내 자존심 혹은 서로의 오해로 멀어진 친구로부터는 마음만 받고 언젠가 서점에서 찾아 읽어보겠다는 느슨한 거절을 받기도 했다. 용기를 내는 덴 상처도 어느 정도 뒤따라온다는 걸 몰랐던 건 아니다. 그럼에도 왜인지 섭섭해지는 쓸쓸한 마음을 잡고 그 친구와의 시간을 한 번씩은 돌아보았다. 그럴 수도 있지, 서로 모를 상처가 아직 남아 있다면.

우편을 발송하고 나면 기다리는 일만 남았다. 아, 실

은 보내는 데에서 나의 할 일은 멈추어야 한다. 그러나 주소를 물어서 내 손으로 쓴 이름으로부터 잘 받았다는 연락을 기다리지 않는다는 건 내겐 아직 어려운 일이다. 읽어준다면 더 좋겠지만, 바람은 수신 확인까지만. 시집을 빌미 삼아 이어 붙인 인연이란 그렇게 한 번 더 연락이 닿으면 된 것이다. 그렇게 생각하려 노력한다. 아직 내려놓기를 완연히 하진 못하는 사람이니까.

어떤 친구는 보내기도 전에 사서 보고는 밑줄도 그어가며 읽었다며 내게 책을 보여주었다. 나의 '첫'을 또 열렬히 응원해 주었다. 또 어떤 친구는 읽어보려 노력하고 있지만, 시를 가까이 하지 않던 자신에겐 어렵다고 솔직하게 얘기하기도 한다. 해설까지 다 읽고서는 정말로 이렇게 생각하고 썼던 게 맞는지 물어보는 친구들과는 '출간 비하인드 스토리'를 얘기하기도 한다.

이야기에 귀 기울인다는 건 상대방에 대한 애정이 담긴 행동이다. 그래서 특별하지도 않은 나에게, 독자가 되어 함께 이야기해 주는 사람들에게는 더 잘 해야겠다는 생각이 든다. 평소 가까이 지내지 못했던 사람들에게서 오히려 더 응원을 받기도 한다. 멀리서 나를 지켜보던 사람들과도 그래서 연이 닿는다. 새로이 시작되는 이 관계들이 신기하기도 하고, 이렇게 관계의 반경이 또 바뀌는 시기가 되었구나 싶기도 하다. 말하고 싶은 사람(작가)에게는 들어주는 이(독자)가 필요한 법이다. 친히 독자가 되어준 나의 사람들에게, 나도 기꺼이 그의 독자가 되겠다고 다짐하는 출간 이후의 시간들.

2장

아, 사랑스러운 사람들

아, 사랑스러운 사람들

그게 다 외로워서 그렇다니,
그래서 사랑스럽다니

드라마 <품위 있는 그녀>에는 자못 어울리지 않는 OST가 하나 등장한다. 딸의 미술 선생님과 불륜 중인 안재석의 테마곡인데, 유치하기 그지없는 안재석의 캐릭터에 맞지 않게 "그게 다 외로워서래"라고 톡 던지는 노래다. 그가 자전거를 타고 아내가 아닌 다른 여자를 만나러 가는 장면에서 흘러나오는 이 노래의 가사는 제법 심오한 편이다. 그럼에도 그의 어른답지 못한 행동들에 노래까지 우스꽝스럽게 들리기도 한다.

그녀가 말하길 그게 다 외로워서 그래

그가 굳이 옷을 챙겨 입고 라면을 사러 가는 것도 티비를 켜놓고 잠드는 것도 그게 다 외로워서래

그 외로움이란 건 말야 남자 친구와도 무관한 것

술을 마셔 봐도 춤을 추어 봐도 블루스에라도 사로잡혔나?

남자들은 자신들이 외로워서 그렇다는 것도 모르고 저기 저렇게 모여 낄낄대며 좋아죽겠데

아 사랑스런 사람들 외로워서 사랑스런 사람들 아 사랑스런 사람들 외로워서 사랑스런 사람들

김목인, 「그게 다 외로워서래」 중에서

그렇다. 이게 다 외로워서란다. 티비를 켜 놓고 잠드는 것도 외로워서라고 하는데, 우리는 정작 자신이 외로운 사람인 줄을 모르고 산다. 아니, 알더라도 왜인지 모르게 외롭다는 사실을 인정하고 나면 스스로가 처량해지는 것 같아서 외롭지 않다고 스스로 최면을 건다. 하지만 '살아가는 건 외로움을 견디는 일이다'고 말한 정호승 시인의 '수선화에게' 한 구절처럼, 생각해 보면 외로움의 순간은 언제든 들이닥치고 있다. 내 주변을 도사리고 있는 이 쓸쓸하고도 적적한 감정은 왜 우리가 그 존재를 인정하는 것만으로도 초라함을 느끼도록 만드는 걸까.

이 초라함을 가리려고, 우리는 더욱 웃는다. 외로움의 존재도 망각한 채, 낄낄대며 웃는다. 그것도 아니라면, 각종 매체 속 웃고 있는 사람들을 내 곁에 두고 나도 웃는 것처럼 인지하고 만다. 이렇게 본디 스스로가 외로운 존재라는 것을 인정하기까지, 우리는 참 많은 감정을 소비하고 스스로를 속인다.

외로움은 때때로 두 어깨에, 양 허리에, 발가락 끝에 달라붙어 나를 짓누른다. 혼자인 상태가 익숙해지면 외로움도 익숙해질 거라 생각한 건 오산이었다. 애인이 있을 때도 나는 외로웠고, 없을 때도 외로웠다. 이 외로움은 누구로부터도 채워지지 않는 것이라는 사실을 깨닫기 전까지, 나는 연애를 통해 내 외로움의 갈증을 채우려고 무던히 연애에 집중했다. 외로움을 채우기 위한 연애는 나뿐만 아니라 상대까지 옭아맸고, 그 연애의 끝엔 자신의 밑바닥을 보게 되는 처참함이 남았다.

외로움에 지친 내 모습을 다시 살려낼 방법은 누군가의 말 한마디라고 생각했다. 그것이 가족이건 연인이건 친구건 상관없었다. 그래서 그토록 누군가를 만나 술잔을 기울이고, 전화를 하고, 메신저를 붙들고 있었다. 누구라도 내게 '지금 그대로도 괜찮아'라고 한마디만 해주기를 바랐다. 그래서 누군가에게 기대하게 되었고,

또 그만큼 실망도 커졌다. 내가 바라는 말들을 그들이 해주지 않는다는 이유만으로. 하지만 우리는 모두가 외로운 사람들이라는 사실을, 지극히 자신의 외로움에만 빠진 나는 헤아릴 수 없었다.

외로움을 벗어나려는 몸부림에서 얻어낼 수 있는 것은 아무것도 없다. 하지만, 이 무의미한 몸부림에 의해 우리는 사랑을 하고, 관계가 끊이지 않는다. 외로운 사람들은 그래서 사랑스럽다. 외로움에 의해 초라해진 자신의 모습들을 감추어내기 위해, 혹은 화려하게 변신시키기 위해 웃고 사랑을 한다. 사랑할 줄 알아서 외롭고, 외로우니까 또 사랑을 하는 것이 아닐까. 우리가 이렇게 진부하고도 진부한 사랑 이야기에 온 매체가 집중하고, 눈과 귀가 사랑을 찾아 헤매는 것은 다 외로워서다. 사랑과 외로움은 그래서 같은 말이라고들 하나보다.

사랑은 생물체 같은 것이어서 어떤 식으로든 '활기'가 있어야 한다. 사랑이 살아 있는 것일 때, 그것은 감정을 가지고 있어서 기쁘고, 우울하고, 다시 기쁘고, 다시 아프다. 그것은 생물학적인 체온과는 또 다른 종류의 열에너지를 가지고 있어서 불처럼 뜨겁고, 1994년 4월 23일의 바람처럼 따뜻하고, 지하 동굴의 천장에서 떨어지는 물방울처럼 서늘하고, 심지어 북극의 얼음 바다처럼 차가워 우리를 깜짝 놀라게 한다.

김행숙, 『사랑하기 좋은 책』, 중에서

 '생물체 같은', 그리고 '살아 있는' 사랑을 하기 위해 외로움을 힘의 원천으로 쓰는 것. 그것이 우리가 외로워서 사랑스럽다고 말할 수 있는 이유다. 외롭기만 한 사람으로 그치고 싶지는 않다. 사랑스러워지고 싶다. 그래서 더는 외로움에 휘둘려 스스로 상처받지 않기 위해, 더 많은 사랑을 하겠다. 아프고, 우울하고, 상처가 날지라도.

메르시, 엄마

혼자가 익숙한 딸과
여행을 떠난 엄마에게

오랫동안 혼자 살고 있는, 살았던 사람들은 여행에서도 혼자가 편안하다. 대학 이후 그 흔한 룸메이트도 없이 혼자만 살았던 나는 혼자가 아닌 여행을 떠날 때마다 집에 돌아와서 생각하곤 했다. "역시 혼자가 편하긴 편해." 신경 쓸 사람 없이 원하는 대로 해도 상관없던 내 일상이, 누군가와 조율을 하면서 생겨나는 이해관계로 인해 방해받는다는 생각이 들어서였던 것 같다. 혼자 있는 시간이 많아지면서, 타인과 조율하는 방법을 잊고 있던 게다. 그런 내가 엄마와 파리로 여행을 떠났다. 단둘이서.

이는 연인과의 여행과는 조금 다르다. 연인은 '연인이니까' 잘 보이고 싶은 이성적인 감정이 밑바탕에 있는 여행이기에 상대에 맞추겠다는 전제가 늘 깔려 있다. 하지만 가족끼리는 '안이하다'는 태도가 기본적이다. 그러니까 가족이니 당연히 이정도는 이해해 주겠지, 하는 안이함 말이다.

　여행을 떠나 장시간 같이 있다 보면 조금의 불편은 생기기 마련이다. 형제 혹은 부모님과 여행을 떠난 주변 사람들이, "나 다음에는 혼자 갈 거야" 하는 것만 들어보아도 가족과 여행을 떠난다는 건 생각보다 낭만적이지 않다. 그럼에도 우리가 그들과 함께 여행을 떠나는 건, 함께 살던 이의 삶을 낯선 곳에서 바라보는 색다른 경험을 할 수 있기 때문일 것이다. 단지 함께 그곳을 즐기기 위함 뿐만 아니라, 집을 나서는 순간부터 잠들 때까지 모든 여정을 함께 하면서 그 사람의 시각으로 새롭게 바라볼 수 있기 때문이 아닐까. 함께하는 여행은 그를 이해하기 위한 것이기도 하다는 사실을 말하는 것이다. 물론, 별생각 없이 가족이니까 안이하게 떠나는 것이 대부분이지만.

　벌써 세 번째다. 엄마와 둘이 함께 유럽행 비행기에

오른 것은. 6살, 16살, 26살의 나는 딱 그만큼씩 나이 들어가는 엄마와 함께 여행을 떠났다. 6살의 나는 천진하고 똘망한 눈으로, 16살의 나는 사춘기 치기 어린 멋에 든 눈으로 엄마를 보았다. 그리고 지금 26살의 나는 내 나이에 나를 낳았을 엄마를 '엄마'가 아닌 한 사람으로 보고 싶었다. 나의 속 이야기도 들려주고 싶었다. 그래서 더욱 이곳저곳을 함께 하고 싶었고, 엄마의 이야기를 듣고 싶었다.

내 욕심이 과했는지, 내 생각과 페이스대로 짰던 여행은 엄마에게 꽤 힘들었던 것 같았다. 미식의 나라 프랑스에 왔으니 미슐랭 레스토랑에도 가 보고, 개선문에 올라 야경도 보아야 하고, 현지인처럼 걷기도 해야 했다. 하고 싶은 건 다 해야 하는 딸과, "뭐 되는 대로"라며 그곳에 있는 그 자체를 즐기고 싶은 엄마의 여행. 의욕 넘치는 딸에게 엄마가 끌려다니는 여행이 될 게 뻔했다. 딸의 손에 이끌려 걷다 지친 엄마가 끝내 말했다. "그냥 편하게 관광버스 타고 다니면 안돼?"

관광버스를 타는 것만은 하고 싶지 않았다. 엄마나 나나 파리는 세 번째였다. 관광버스는 파리가 처음인 여행자에게나 필요한 멋 없는 여행이라고 생각했다. 그렇게 여행 첫날, 모녀는 관광버스를 타느냐 마느냐로 신경전을 벌였다. 몇 시간의 침묵이 흘렀다. 문득 몇 해 전 친구들과 파리에 왔었던 엄마의 사진이 기억났다. 지금보다 더 환하게 웃고 재미있어 보였던 엄마의 얼굴. 엄마가 나보다 친구들과의 여행이 더욱 편안하다고 생각할지도 모른다는 생각에 미안한 마음과 왠지 모를 질투가 났다. 나와의 여행이 가장 행복한 파리로 남았으면 해서. 그렇게 우리는 다음 날부터 관광버스에 올랐고, 엄마도 나도 서로 하고 싶은 것들을 함께 하려고 노력했다.

> 엄마는 소비하는 사람일 뿐 아니라 생산해내는 사람임을 아이가 자연스럽게 알았으면 좋겠다. 엄마가 자신의 꿈을 찾아 생생하게 살고 있는 어깨를 보여주면 아이는 자연스럽게 꿈꾸는 사람의 샘플을 보게 되고, 꿈을 어떤 가시적인 형태로 실천하는 방법을 자연스레 터득하리라 본다. 그것은 약간의 용기와 끈질긴 인내심의 문제니까.
>
> 임경선, 『엄마와 연애할 때』 중에서

생각보다 엄마와 속 깊은 이야기들을 나눌 순 없었다. 우리가 사랑한 파리의 풍경에 빠져서이기도 했고, 모녀 사이에 평안함이 찾아오는 데엔 그다지 깊은 이야기가 필요하지 않아서이기도 했다. 지금 바로 여기, 엄마와 함께 있다는 사실이 가장 중요했다. 그리고 내가 원했던 '엄마이기 이전의 엄마'는 별말을 하지 않아도 느낄 수 있었다. 팔짱을 끼면서, 엄마의 어깨를 쓰다듬으면서, 같은 풍경을 바라보면서 자연스레. 갓 나온 바게트를 가방에 꽂고 파리지앵이 된 것 같다며 좋아하는 사람, 이곳의 과일은 어떤지 과일 가게를 구경하다 무화과를 사서 벤치에 앉아 한 입 먹고선 맛있다고 활짝 웃는 사람. 그런 소박하고도 작은 행복을 찾아 웃음을 찾는 사람이 나의 엄마였다.

"엄마는 그냥 특별한 거 안 해도 돼. 사과 하나 들고 몽마르트르 언덕에 올라서 파리 경치를 구경하는 것만으로도 행복할 텐데."

내가 엄마를 너무 몰랐던 것임을 그제야 깨달았다. 그저 에펠탑을 바라보며 바게트를 먹는 것, 샹젤리제 거리를 걸으며 '오, 샹젤리제!' 노래를 흥얼대는 것, 테라스가 있는 카페에서 커피 한 잔을 여유롭게 마시는 것을 하고 싶었던 엄마의 여행. 그런 엄마에게 내가 생각한 여행을 강요하려 했다니 조금 부끄러웠다. 엄마가 원하는 것, 좋아하는 것이 무엇인지 더 빨리 알았더라면 더 행복한 시간을 보낼 수 있었을 텐데.

 엄마도 하고 싶은 게 많은 한 여자고, 한 사람이다. 그런 엄마가 가족들의 기호에 맞추느라 "뭐 되는 대로 좋은 대로"를 외치게 된 것일 수도 있다는 생각이 들었다. 고집 센 딸과 함께 떠난 여행에서 원하는 걸 제대로 말하지도 못하고, 딸이니까 원하는 대로 해주고자 했던 건 아니었는지. 엄마가 원하는 건 무엇인지, 엄마는 앞으로 뭘 더 하고 싶은지 더 알고 싶어졌다. 누군가에게 조율하지 않은 엄마 본연의 모습을.

 딸과의 여행에서 힘들기도 했을 엄마에게, 나는 이번 여행에서 엄마를 엄마가 아닌 한 여자로, 나와 다른 한 사람으로 만나게 되었다고 진부한 변명을 해보겠다. 그러기 위해 우리가 함께 떠난 것이었다고.

 그래서 말인데, 다음에는 어디로 떠날까, 엄마?

손을 사용하는 방법

손을 쓰는 게
귀찮지 않은 이유

내 손은 어디에 있을까. 손의 주요 거처는 어디인지 문득 궁금해졌다. 어떤 기기를 사용할 때를 제외하고서 어떤 때에 손을 사용하는지 곰곰이 생각해 보면, 딱히 떠오르지 않는다. 업무 시에는 대부분 컴퓨터를 사용하며, 틈마다 휴대전화를 들고 연락하거나, 쇼핑을 한다. 시간이 없다 보니 밥은 사 먹는 게 편하다. 집안일도 때로는 귀찮아서 로봇 청소기를 사고 싶기도 하다. 무얼 하려고 손을 대는 게 귀찮은 일상이다.

손을 사용하는 것이 귀찮은 일이 되다 보니, 시간과 공을 들여 직접 무언가를 만드는 것은 더 가치 있게 여겨지고 있다. 직접 차린 식탁으로 밥 먹는 일이 SNS에 자랑처럼 올려지기도 하고, 취미 공예, 요리 등의 클래스가 새로운 사업 아이템으로 떠오르기도 한다. 손을 사용하는 일은 일상이 아니라 여가로 자리 잡고 있다.

  나는 어릴 때부터 직접 만든 무엇에 대한 집착 비슷한 게 있었다. 내 손으로 무언가를 만드는 일을 하고 난 뒤의 뿌듯함이 좋아서였는지, 유독 돈으로 살 수 있는 것 중 손으로 만드는 길을 택한 것이 많았다. 기념일에는 직접 만든 초콜릿이나 캐러멜을 선물하고, 동생에게 주기 위해 목도리를 뜨개질했으며, 부모님의 결혼기념일에는 케이크를 만들었고, 일이 있을 때마다 손편지를 쓰곤 했다. 최근에는 혼자 먹어도 공들인 식탁을 만들기 위해 장을 보고, 제법 있어 보이는 요리들을 해 먹기 시작했다. 직접 만드는 것들이 어딘가 어설픈 느낌이 있긴 해도, 내 손으로 무언가를 한다는 것이 그저 좋았다. 어설퍼도 내 손이 깃든 무엇을 포기할 수 없던 것은, 직접 만든 무엇은 내게 자신감을 안겨줬기 때문이었다. 내 손이 세상에서 어떤 일을 할 수 있는지, 내 손이 어떤 위치에 있는지 확인하고 싶을 때가 문득 있다. 그럴 때마다 스스로 만들어낸 결과물을 보면서, 내가 해낼 수 있는 것에 대해 눈으로 직접 확인할 수 있었다.

 그러니까 자존감이 무너져 내리던 취업준비생 때, 한밤중에 미역국을 끓이던 것은 스스로를 다독이기 위함이었다. 고작 미역국을 끓이면서 그런 생각을 한다는 것이 웃기기도 하지만, 당시에는 무너진 나를 챙겨낼 것이 필요했다. 나를 위한 식탁을 차려내며 자신을 챙기고 나면, 그것은 꽤 큰 위로가 되었다. 내 손으로 나를 일으켜내는 과정으로 손을 사용하는 방법을 택했던 것이다. 내 손을 이렇게 사용하는 것은 지금까지도 이어져 온다. 요즘에는 더 완벽한 식탁을 위해 식기를 구입하고, 예쁘게 만들기 위해 노력하기까지 한다. 그렇게 준비한 식탁 앞에서 사진 한 장을 찍고 나면, 하루의 피로가 풀려난다. 공수를 들였는데 피곤이 풀린다니, 억척스러운 일이다.

 나의 이야기를 했지만, 우리 가족들은 손에 대한 애착이 남다르다. 할머니는 아직도 메주로 조선간장과 고추장을 담그시고, 아버지는 내가 집을 방문할 때마다 참치회, 전복찜, 감바스 등 새로운 메뉴로 나를 놀라게 하시는가 하면, 이모부는 나무를 손질해 가구를 만드시더니 목재 인테리어까지 직접 하기에 이르렀다. 동갑내기 사촌은 꽃다발도 직접 만들며, 베이킹에도 꽤 능숙해서 가게도 차렸다.

가족들과 나를 살아가게 만드는 것은 각자의 손길이 닿은 무언가를 만들어내는 손의 힘이 아닐까. 손을 사용하면서 희열을 느끼고, 또 그 결과를 보면서 세상에 서 있는 자신을 발견하고. 문득 우리 가족이 큰 다툼이 없는 이유는 손의 거처가 고정되어 있지 않기 때문은 아닐까 하는 생각이 들었다. 비단 우리 가족과 나뿐만이 아니라, 손길이 닿는 어떤 것에 몰두하는 것을 즐기는 사람들은 그 힘으로 살아간다. 내가 만들어내는 무언가를 통해 나의 위치를 확인하면서. 또 그렇게 만든 것들을 사람들과 나누면서 마음을 담기도 하면서.

얼마 전 후배 Y와 이야기를 나누다가, "우리 노후에는 손으로 만드는 무언가를 하고 있자"고 서로 약속했다. 나이가 들었을 때는 더더욱 손을 사용한 어떤 일을 하고 있어야만 할 것 같다. 다른 감각보다 손을 이용한 촉각이 내겐 자극적인 때가 올 테니까. 그 자극으로 살아있음을 느낄 때가 올 테니까. 언젠가 나이 든 내가 손으로 지극 정성을 들이고 있기를 바라며, 나는 오늘도 나를 위한 식탁을 차리고, 꽃을 사 말린다.

지킬게요, 할머니의 세상을

내 기준으로 바라보지 않기

외할머니와 자주 통화 한다. 어제 퇴근길에는 얼마 전 발목을 삐어서 병원을 다니고 있다며 어리광을 부렸다. 다음 주 대구에 갈 때엔 할머니표 오이소박이와 물김치를 먹고 싶다고, 서울에서는 뭘 먹어도 할머니 밥 같은 건 없다고도 말한다. 늘 내 끼니 걱정에 건강만 해라, 다른 거 다 필요 없다 말씀하시는 할머니와의 통화가 끝나고 나면 값진 사람이 된 것 같아 힘이 난다. 그래, 항상 사랑받고 있었지.

외할머니의 손에서 자란 나는 할머니와의 유대가 깊다. 어릴 때부터 할머니의 사랑이 담긴 음식을 늘 배불리 먹었던 탓에 통통한 체형은 바뀔 기미가 보이지 않았다. 자식 넷의 밥을 챙겨준 것으로도 모자라 할머니는 나에게도 늘 행복을 떠먹여 주셨다. 지난달에는 할머니가 계신 시골집에서 하룻밤을 지냈다. 예능 '삼시세끼'를 찍는 것과 다름없던 할머니의 '손녀 배 불리기' 프로젝트는 다채로웠다. 직접 구운 김, 새로 담근 겉절이 김치, 여름 반찬용으로 만든 가죽나물, 며칠 전부터 재워둔 갈비, 커다란 조기구이, 푹 끓인 삼계탕. 그러고도 "에고, 별로 차린 것도 없다. 우리 나영이 마이 무라!" 하고 내어주신다. 맛있다는 반응을 거하게 보여야지 하고 생각할 것도 없이 먹자마자 감탄사가 나오는 할머니의 밥상은 한 숟가락 떠 넣을 때마다 내가 나로 살아야 할 이유를 채워준다.

"할머니는 우리들 밥 챙겨주느라 모든 일생을 다 쓰시는 것 같아요."
"내사 이게 일이지 뭐."

같이 잠들기 전, 할머니의 어깨와 등을 쓰다듬었다. 할머니의 생이 우리에게만 집중된 게 미안했다. 그리고 주기만 하는 그녀의 사랑은 어디에서 기인한 건지 궁금했다. 엄마가 입원했을 때도, 할머니는 엄마가 먹을 밥이 가장 신경 쓰인다며 갖가지 반찬을 만들어 오셨다. 그 후로도 할머니는 엄마를 위해 장을 보셨고, 엄마는 그 밥으로 힘을 내어 일을 다시 하셨다. 언젠가 셋이 함께 벚꽃을 보러 간 날, 할머니는 말씀하셨다.

"나는 내 딸 챙기느라 바쁘고, 내 딸은 자기 딸 챙기느라 바쁘네. 이렇게 엄마들의 사랑으로 세상은 돌아가는거야."

할머니 얘기가 나오면 너무 우리만 생각하고 사셨던 것 같아 안타까운 표정과 눈을 하는 내게, 당신의 기준에서 할머니의 생을 평가하진 말라고 했던 말을 들은 적이 있다. 그때 머리를 두들겨 맞은 것 같았다. 내 멋대로 할머니의 생을 재단하고 있다는 걸 전혀 인지하지 못했다. 각자의 삶의 모양대로 놔두자는 글을 그렇게 읽고서도, 할머니가 살아온 인생의 가치를 내 기준에서 평가하고 있던 것이다. 내가 받은 사랑만큼 할머니는 희생하셨다고 생각한 미안함에서 시작된 마음이었다.

할머니가 물려주신 대부분의 것들이 이런 식이었다. 그것은 너무나 일상적이고 조용하고 작아서 나는 그것의 중요한 의미들을 거의 알아차리지 못했다. 그것은 너무나 풍성하고 흔해서 도무지 감사할 일들이라는 생각조차 들지 않았다. 하지만 그것은 나의 내면에 중요한 안정감의 기반이 되었고 나는 숲의 습기를 흠뻑 머금고 자라는 초록 이끼처럼 그 안에 살았으며 중요한 것들을 배운 줄도 모르고 배웠다.

심윤경, 『나의 아름다운 할머니』 중에서

어느 봄에는 할머니께서 내가 있는 서울로 오셨다. 할머니와 2박 3일을 지내는 동안 서울을 어떻게 구경시켜 드리면 좋을지 계획을 세워 두었건만, 내 생각보다 할머니의 다리는 더 좋지 않았고, 지하철 계단을 오르내리는 것도 힘든 일이었다. 여기저기 이동해 둘러보는 것도 무리였다. 할머니가 서울에서 해보고 싶던 것은 아주 간단했다. 집 근처 한강 걷기, 노량진 수산시장을 구경하다 회와 매운탕 거리를 사서 집에서 끓여 먹기, TV로만 보던 서울의 대형 교회에서 예배드리기. 이 2박 3일 동안 나는 다시 깨달았다. 내 기준에서 보여드리고 싶은 것과 할머니가 원하시는 건 다를 수밖에 없다는 것, 그리고 내 욕심으로 할머니의 세상을 침범하지 말아야 한다는 것을. 할머니의 서울 여행은 구경하기 위함이 아니라 나와 함께 있기 위함이었다. 기차에 탄 할머니를 뒤로하고 집에 왔을 때, 그래서인지 눈물이 왈칵했다. 아, 할머니의 세상은 우리가 전부였구나.

이걸 깨닫고 나서도 한동안 나는 할머니의 생을 한편으로는 안타까워하고 있었다. 내가 누리고 있는 것들을 할머니는 못 누리셨구나, 하는 미안함으로. 미안함이 들 때마다 떠올리려고 한다. 고작 한강 산책만으로도 행복해하던 할머니의 발걸음을. 여기서 끓여 먹은 매운탕이 세상에서 제일 맛있었다는 할머니의 말을. 우리 얘기라면 예전 일이라도 늘 생생하게 꺼내어 말씀하시는 할머니의 신난 목소리를. 어쩌면 할머니는 당신의 세상과 나의 세상이 만날 수 있는 건 '끼니를 챙기는 일'임을 잘 아셨기 때문에 그토록 우리의 끼니를 챙기고 계셨던 걸지도 모르겠다.

할머니, 선을 넘지 않을게요. 이 선을 지키기 위해 오늘도 잘 챙겨 먹을게요. 할머니도 잘 챙겨 드셔야 해요.

사사로워서 소중한 것들

누군가의 디테일에

반하게 되는 때

 수영장에서 가만히 사람들을 관찰하면 저마다 습관들이 있다. 누군가는 수영하는 도중에 자꾸만 멈추며 다른 이들은 무얼 하나 관찰하고, 어떤 이는 습관적으로 무언가를 뱉어내고 있고, 또 누구는 숨을 참고 전진하는 데에만 몰두하며 강사의 말을 듣지 않는다. 나의 습관은 오기로 인한 것인데, 되도록 힘든 내색 하지 않고 앞으로만 나아가려 하는 것이다. 프로이트는 『꿈의 해석』에서 수영을 두고, 자아가 통제할 수 없는 정신의 일부인 감정과 무의식의 상징적인 표현이라고 했다. 수영장에서 보이는 작은 습관으로도 우리의 무의식이 표현되는 걸까.

누군가의 이런 사사로운 고집이나 습관들을 관찰하는 것은 꽤 재미있다. 아니, 사실 관찰하려 굳이 애쓰지 않아도 이런 누군가의 행동들이 내 뇌리에는 박혀있다. 어떤 이는 이런 나를 두고 오지랖이 넓은 사람이라고 하기도 하고, 관찰력이 좋은 사람이라고 포장해 주기도 한다. 이렇게 사사로운 것들이 눈에 들어와 신경이 거슬리기도 하지만, 누군가를 파악하는 데에 나의 이런 사사로운 시야가 도움이 되기도 해서 나는 이런 나를 그대로 내버려두고 있다.

> 자기만의 고집이 있는 사람이 좋다. 가령 버스를 탈 때 노선에 따라 오른쪽에 앉는 걸 선호한다든가 하는 자신의 틀 안에서만 피우는 고집. 혹은 베개를 베고 자는 방향이 정해져 있어서 무심코 다른 쪽을 베었을 때 잘못됨을 알아차리고는 방향을 제대로 바꾼다거나 하는, 매일매일 어길 수 없는 규칙. 또는 라면을 끓일 때 물이 끓기 전에 건더기 스프를 먼저 넣어야 한다거나 하는, 딱히 이유 없이 정해져 있는 사소한 순서.
>
> 임진아, 『빵 고르듯 살고 싶다』 중에서

사람들을 관찰하다 보니, 누군가의 '디테일'로 매력

을 느끼곤 한다. 가령 스타일엔 관심 없어 보이던 사람이 특이한 양말로 포인트를 준다거나, 어떤 상황에 따라 스타일이나 행동이 변화한다거나 하는. 혹은 다른 이의 기분이나 상태를 빠르게 감지하고 그에 맞는 물건을 슬쩍 건넨다거나. 다르게 말하면 센스라고 할 수도 있는 누군가의 이런 디테일을 발견할 때면 괜히 기분이 좋아진다. 그의 다른 모습을 나만이 발견한 것 같은 애틋함이 생긴달까. 가만 생각해 보면, 지금 내가 소중하다고 생각하는 이들에게서는 모두 이런 디테일을 적어도 하나씩은 발견했다. 이들에게는 나도 그런 센스를 발휘할 줄 아는 사람이 되고자 부던한 노력을 한다. 그렇기에 우리의 관계는 더욱 깊어지고, 서로를 더 소중히 생각하게 된다.

우리가 매력적으로 느끼는 사람들에게는 이런 디테일들이 꼭 있다. 각종 드라마에서 상대를 이성으로 보기 시작하는 순간 중 하나가 바로 무심한 듯했던 누군가가 생각지도 못한 부분에서 자신을 챙겨주는 때다. 나만이 발견한 것 같은 그의 이런 모습을 간직하고 있노라면 그에게 빠지지 않을 수 없다. 물론 항상 센스를 발휘하는 사람도 있겠지만, 그것은 그의 천성이 세심하지 않은 이상 쉬이 챙길 수 없는 법이다. 그렇기에 자신에게 보여준 사소한 행동이 계기가 되어서, 누군가를 좋아하게 된다는 이야기를 여러 사람이 늘어놓는 것이 아닐까.

  이번 여름은 유난히도 지독했다. 지독스럽게 더웠고, 지독스럽게 힘든 일들만 터졌고, 그로 인해 내 몸도 마음도 지독스레 아팠다. 이 여름의 여파로 내겐 아직도 장염과 피로가 쌓여 있고, 체질도 변해버려 음식을 가려 먹게 되었다. 주변인들의 가족, 지인들이 자꾸만 아프던 여름이었다. 나도 함께 신경을 써서였는지, 우울이 나를 삼켜버린 날들이 잦았고, 사람들을 만나길 좋아하던 내가 집에서 홀로 시간을 보내는 때가 많았다.
  그렇다고 나는 또 내 얘기를 하지 않으면 혼자 답답해서, 징징대기도 하는 나쁜 습성이 있다. 이런 나의 자잘한 말들도 다 들어주는 이들이 있어서, 그리고 이런 나를 신경 써 주고 걱정해 주는 이들이 있어서 힘들었던 여름을 버텨낼 수 있었다. 정말 지치던 날에 내 가방에 넣어둔 자그마한 쪽지, 한동안 연락이 없던 내게 별일 없는 거냐며 먼저 물어보는 것, 속이 안 좋다는 내가 같이 먹을 수 있는 메뉴를 골라주는 것. 사소할 수도 있는 이런 행동들은 내게 큰 위로가 되어서, 내가 버거워질 때마다 이때의 고마움들을 꺼내어 볼 수 있게 만든다.

 그런 고마움을 느끼게 해준 사람들에게는 나도 저절로 마음이 동해서 더 챙겨주고 잘해주고 싶어진다. 나의 장점인지 단점인지 모를 관찰하기 좋아하는 습성으로 그들의 취향을 파악하고, 무엇을 싫어하고 좋아하는지 기억해 둔다. (사실 어떤 때는 내가 너무 사소한 것까지 기억하는 것 같아 민망해져서, 모른 척하는 때도 있다.) 그들에게 내가 기억한 습성과 기호가 언젠가는 필요할지도 모르니까.

 곁에 오래 두고 싶은 사람이 있다면 그 사람이 무엇을 먹을 때 좋아하는지, 지금 무엇이 필요한지, 요즘 기분은 어떤지 한 번 더 생각해 보는 것도 좋은 방법이다. 나 하나 신경 쓰고 살기에도 버거운 삶이지만, 그 속에서 내가 다른 이의 소소한 습성들을 기억하고 신경 쓰고 있음을 그도 알게 된다면, 왠지 모를 고마움과 애틋함이 절로 생겨나지 않을까! 사소하지만 소중한 것들을 더 많이 간직할수록 우리가 꺼내어 볼 서로의 행복도 많아질 거라고 믿는다.

어른이라는 무게

'어른'의 참된 뜻을
이루고자 하는 나에게

 더 좋은 사람, 더 나아지는 사람이 되고 싶다. 제 위치를 알고 그곳에서 더 좋은 길을 택해서 나갈 줄 아는. 누군가에게 멋진 삶으로 불리는 것보다, 자신을 귀하게 여길 줄 아는 사람. 어떤 사람이라도 그 사람의 처지라면 그럴 수도 있지, 하고 이해심이 넓은 사람이기를. 스무 살 때부터 여태 쓴 글을 정리하면서 다시금 다짐한 바다.

 20대 초입의 내가 쓴 글들은 아프다고 떼쓰고 티 내기 바빴다. 세상에서 내가 제일 가여운 사람이었고, 누군가 내 슬픔의 구렁텅이를 들여다봐 주길 원했다. 스스로 괴물이라고 (진짜로 그리 생각한 적은 없지만) 칭하기도 하고, 그러다 곧 '멋져 보이는 삶'을 위해 치장하곤 했다. 진짜 내 감정이 무엇인지는 들여다보지 않은 채 '글 쓰는 나'를 위한 감정들을 꾸며내기도 했던 것 같다. 그래서 이제 이 글들을 엮어 종이 위에 내보이려 했더니, 자꾸만 부끄러워져서 원고 앞에 진득하게 앉아있기가 어려웠다. 스스로 읽지 못할 책을 내보이는 건 아닐는지. 하지만 나부터 이해해야 다른 이들을 이해할 수 있을 테니까, 그때의 나는 이렇게 쓸 수밖에 없던 이유부터 생각하기로 했다. 그것이 내가 생각하는 성숙한 사람이 자기를 돌아보는 모습이므로.

무언가를 새로이 깨닫고 나면 이전의 생각들은 모두 유치해 보인다. 깨닫기 전의 나는 숨기고 싶다. 세상을 달리 보는 내 시선이 대견하기도 하고, 이전의 내가 얼마나 편협한 사고를 지녔던 것인지 와닿을 때마다 정수리가 저릿하다. 방송된 지 10년이 지난 드라마 <그들이 사는 세상>을 1-2년마다 다시 정주행하는 편인데, 볼 때마다 정수리가 저릿해지는 느낌이 든다. 대사를 다 알고 보는 드라마는 곱씹을 수 있어 좋다. 곱씹다 보면 '아, 이 인물은 지금 보니 또 이렇게 이해가 되네' 하고 깨닫는 때가 있다. 또 당시에는 '로맨스'로 보이던 장면이 지금에서는 '저 정도면 추행 아닌가' 싶은 장면도 있다. 시대는 늘 변하고 있고, 내 생각도 함께 변하고 있어 다행이라고 해야 하나.

예능 <캠핑클럽>에서 이효리가 언젠가 말한 것들을 자꾸 곱씹는다. 20대의 치기 어린 생각과 열등감으로 뭉쳤던 자신에 대한 고백부터, 40대가 된 지금의 자신에게는 어떤 게 의미가 있는 건지 고찰하는 면까지. 특히 이전에 멤버들에게 잘 대해주지 못했던 자신을 사과하며 돌아보는 걸 보고, 내가 사과해야 할 사람들에 대해서도 떠올려봤다. 사과해야 할 사람들은 너무도 많았다. 그때의 나는 나를 사랑할 줄도 몰라서 내 말들이 당신에게 상처가 되리라곤 생각지도 못했다고, 지금 와 생각해 보니 나는 스스로에게 해야 할 말을 당신에게 하고 있었노라고. 내가 나를 조금 알게 되어서야 사과해야 할 당신이 생각난 거라고.

하지만 당분간은 말을 아끼기로 했다. 당신이 날 용서할 준비가 되어 있지 않을 수도 있으니까. 섣부른 사과는 않기로 한다. 그것마저 내 오만이 될까 두렵기도 하고, 내뱉는 건 내 자유지만 받아들이는 건 당신들이므로 사과를 더 사과답게 말할 수 있을 때까지 기다려 보기로 한다. 다만, 미루는 게 아니라 내가 아끼고 기다리고 있는 것임을 당신도 헤아릴 만큼 같이 성장하고 있기를. 조금 더 성장한 당신과 내가 훗날 마주 보고 이야기할 수 있기를, 서로 미워하지 않기를 바란다.

아직 어려서 잘 모른다는 단정적인 말에 젊은이들의 입은 닫힐 수밖에 없다. 내일을 이야기하며 지금껏 살아온 날들을 앞세울 때, 그 말 안에 젊은이들이 앞으로 살아갈 날은 없다. 어떤 할 말은 남에게 결코 해서는 안 되는 말일 수도 있다. 그때의 할 말은 고작 자기 자신이 하고 싶은, 스스로의 만족을 위한 공허한 말일 뿐이다. 할 말과 해서는 안 될 말 사이에 말을 하는 자와 그 말을 듣는 자가 둘 다 있다는 사실을 잊으면 안 된다. 해서는 안 될 말은 삼키고 할 말을 입 밖으로 꺼낼 때, 비로소 말은 힘을 얻는다.

오은, 『다독임』 중에서

어른들은 죄다 어른다운 멋이 있는 배울 점으로 가득한 사람일 거라고 기대했던 게 무너진 지는 오래됐다. 하지만 나이란 별 대수롭지 않은 요소라는 걸 말로는 알면서도, 머리로는 '응당 그 나이쯤 되셨다면 이 정도의 생각은 할 줄 아는 사람이겠지' 하는 생각이 앞서는 걸 보면, 나는 아직 어른이라는 단어에 대한 기대가 있다. 이 기대 때문에 내가 알고 지낸 어른들에게 실망하기도 했다. 그저 같은 인간일 뿐인데, 나보다 훨씬 성숙한 사고를 가지길 바랐던 건 내 오만이었던 걸까. 언젠가는 이 어른이라는 틀에 갇히지 않고, 그 사람을 그대로 받아들일 수 있기를 원한다. 이해하지 못했던 분들의 마음까지도 '누구라도 그럴 수 있지' 하고 넘길 사람이 되도록.

세상에 당연한 건 없다는 걸, 이해해야 할 것 투성이라는 걸 깨닫고 있다. '이건 당연히 이렇게 생각해야 하는 거 아니야?'라고 해 봤자 아무런 의미가 없다는 것도. '저 사람은 왜 이렇게 행동할까?'라는 생각들로 누군가를 쳐다보았던 때가 많았고, 지금도 이해할 수 없는 누군가가 내겐 많다. 다만 이전에 이해가 되지 않던 사람들을 이해하기 시작했으니, 조금은 내 포용의 범위가 넓어지고 있는 거겠지.

이전에는 '도무지 당신을 이해 못 하겠어'를 눈빛으로도 내뿜어서 누군가를 상처받게 했다면, 앞으로는 '당장은 이해 안 되지만 그럴 수 있겠죠, 당신이라면'이라는 눈으로 누군가를 쳐다볼 수 있는 사람으로 성장하고 싶다. 그게 내가 원하는 어른의 모습이다. 성숙한 사람으로 나아가는 길. 자기가 선 자리에 서서 제대로 걸어가는 게 맞는지를 살펴보는 사람이 되는 것까지도 잘해내는 사람이고 싶다.

   어른이라는 무게를 진 만큼 탄탄한 두 발로 견디고 있는 사람이 되었으면. 당신도, 나도 서로가 더 좋은 사람이 되고 싶어 했으면.

각자의 속도대로

내 시간에 노련한
사람이 어디 있나요

 몇 차례의 연말 모임에서 '너 꽤나 변했어. 편안해 보여' 라는 말을 여러 번 들었다. 남들이 보기에 편안해졌다는 말은 뭘까. 이제 고비를 넘긴 회사 생활일까, 운동을 다니고 하고 싶은 걸 하는 '저녁 있는 삶'일까, 애인과의 관계일까. 뭐든 좋은 쪽으로 변했다는 말은, 부여잡고 있던 것들을 놓았다는 말이기도 하여서 왠지 배 끝이 시린 기분이었다. 위태롭고도 불안한 시간을 지나온 나였으니까.
 뭐든 다 알고 잘하고자 하는 강박이 있었다. 일도 잘하고 싶었고, 그만큼 평판도 좋았으면 좋겠고, 사람들과도 잘 지내고 싶었다. 누군가가 무얼 물어봤을 때 모른다고 답하는 것이 민망했다. 고집 세고 욕심 많고, 내 말이 언제나 맞기를 바랬던 자기중심적인 사람이기도 했으니까. 그러면서 쿨한 척도 했으니, 얼마나 재수 없었을까!

이제는 그런 강박이 피곤해져서, 또 그 노력이 반드시 원하는 결과가 되진 않음을 알게 되어서 조금씩 버리게 되었다. 모르는 게 있는 건 당연하고, 모두와 잘 지내는 건 불가능한 것이며, 날 싫어하는 사람들은 언제나 있을 것이고, 내가 불편한 사람이 있으면 적절히 피하는 것도 나쁜 건 아니라는 것들을 서서히 알아가는 중이다. 갑자기 변한 것도, 내 의지로 인한 것도 아닌 저절로 알게 되어 놓아야 할 것들에 대해.

내가 살아 보니 남들의 가치 기준에 따라 내 목표를 세우는 것이 얼마나 어리석고, 나를 남과 비교하는 것이 얼마나 시간 낭비이고, 그렇게 함으로써 내 가치를 깎아내리는 것이 얼마나 바보 같은 짓인 줄 알겠다. 그렇게 하는 것은 결국 중요하지 않은 것을 위해 진짜 중요한 것을 희생하고, 내 인생을 잘게 조각내어 조금씩 도랑에 집어넣는 일이기 때문이다.

장영희, 『삶의 작은 것들로』 중에서

수영을 다닌 지 6개월이 넘었다. 그동안 빠지라는 살은 안 빠지고, 어깨와 팔뚝 근육만 거대해진 줄 알았으나 이번 달부터는 갑자기 체력도 수영 실력도 좋아진 것을 느꼈다. 6개월 동안 나의 몸은 조금씩 변하고 있던 것이다. 자세도 조금 더 좋아졌고, 속도도 많이 빨라져서 언젠가는 대회에 나가보겠다는 꿈도 생겼다. 보람이 없다고 생각하던 때에 느낀 변화라서 그런지 더 짜릿했다.

수영을 시작한 지 6개월이 되어서야 나타난 내 몸의 변화를 보면서, 갑자기 변하는 것은 없다는 사실을 깨달았다. 역치에 이르기까지의 시간은 저마다 다르다. 내가 버릴 것들을 알아가게 된 것처럼 역치를 낮추면서 타협하게 되는 사람도 있고, 원하던 곳에 오를 때까지 끓어오르는 사람도 있다. 그러니까 누군가의 살아가는 방식에 대해서 우리는 서로가 참견할 필요가 없는 게 아닐까. 각각의 속도도, 그 목표점의 높낮이도 언제든 달라질 수 있으니까.

연말 모임에서는 퇴사 이후, 혹은 취업이 아닌 다른 것들을 준비 중인 친구들도 많았다. 사실 나는 퇴사라는 것이 약간 두렵기도 하다. 일하는 것은 여전히 힘들고 이른 출근 시간은 아직도 버거우나 경제적 능력을 상신한 나에게는 온통 걱정거리일 것이 분명해서일까. 하지만 그런 나와 다르게 자신만의 길을 준비하고 있던 친구들은 자신의 속도에 만족하는 것처럼 보였다. 남들이 볼 때는 느린 시간이지만, 그것은 내 인생이지 않냐고. 내 속도 대로 가서 어딘가에 이르기만 하면 되지 않냐고.

남다른 오지랖으로 그들을 걱정하려 했던 나는 그들이 계획 중인 미래를 들으면서 다시 정신이 들었다. '천천히 가도 괜찮아, 길만 알고 있다면'이라는 부암동의 벽화가 문득 떠올랐다. 뭐든 빨라야 직성이 풀리던 내가 조금씩 멀리, 편안하게 바라보는 사람으로 변하고 있는 것처럼, 다른 이들의 삶의 속도도 빨랐다가 느려졌다 하는 것이다. 그러니까 내가 되려 조바심을 낼 필요도, 걱정할 필요도 없다. 각자 자신의 길을 알아서 찾아가고 있을 테니까.

내 속도와 관계없이 다른 이들을 바라보려는 것이 생각만큼 쉽지는 않다. 아직도 나와 다른 속도의 사람들과 나를 비교하고, 나보다 빠른 사람을 보면 조바심이, 느린 사람을 보면 안도감이 들곤 한다. 그건 내 길에 대해 확신이 없어서, 어디인지 자꾸 헷갈려서 돌아보는 것일 테다. 그 길 와중에는, 차마 버리지 못했지만 놓아야 할 것들이 계속 방해할지도 모르겠다.

그래서 이제부터는 내가 이루고 싶은 나의 길들을 몇 가지 꼽아보려 한다. 길이 정해지면 속도야 어떻든 나는 가기만 하면 된다. 내가 정했던 길들이 얼마나 완주되어 있을지, 나의 속도에 만족하고 있을지 기대된다. 각자의 속도대로 우리, 제 길을 찾아가고 있기를.

편해지려고, 기꺼이 불편해지는 것

불편함 뒤에 오게 될 편안함

 몸이 끊임없이 고함을 치고 있다. 어딘가 낫고 나면 다른 곳이 아프기 시작하고, 개운한 아침을 맞이한 것은 머나먼 이야기가 되었다. 핑계로 택시를 찾게 되는 날이 많아지면서 내겐 합리화라는 명목이 생겼다. "나는 이 편안함과 다른 가치를 바꾸는 거야"라고. 그러나 합리화라는 것은 참으로 무섭다. 아프다는 이유로 해야 할 것들을 미루는 일이 많아졌고, 굳이 먹지 않아도 될 것들을 먹는 때도 많아졌으며, 이것들이 모두 더해져 게으르고 탐욕적인 사람이 되어가고 있었다.
 편안해지기만을 택하니 나는 망가지고 있었다. 잠시

흐트러지는 것쯤이야, 라고 생각하기에는 요즘 내겐 매사에 의욕이 없는 시기가 찾아와버렸다. 이건 편하기만 한 게 아니라 아무 생각 없이 사는 것이기도 하고, 이대로 살아도 괜찮다고 넘기기에는 해야 할 일들과 나 자신을 챙겨야 하는 또 다른 내가 항상 떠다닌다. 편하게 살기를 원했는데, 막상 편안해지니 다른 것들이 불편해지는 상황이 오자 이게 과연 맞는가 싶어졌다.

 서점 직원으로 있으면서, 열심히 사는 것에 대한 근본적인 질문을 던지는 책들이 우수수 출간되는 요즘을 보며 나도 굳이 열심히 살 필요는 없다고 생각하기도 했다. 그러나 나의 천성이란, 본래 욕심이 많고 남들이 하는 것은 해보고 싶어 하는 지라 열심히 해야만 이 욕심들을 채울 수 있었다. 승부욕이 강했던 내겐 느리게 가는 삶이란 다소 성에 차지 않았다. 그래서 지금까지 빠르게 무언가를 이뤄내려 나름대로는 부지런하게 해왔다. 손에 쥐어질 어떤 목표를 잡지 않으면 내가 제대로 살고 있는 게 맞나 고민할 정도로 뭐라도 해야 한다는 강박이 있었다.
 그랬던 내가, 무엇에 열중해야 하는지를 까먹은 것처럼 흐르는 대로, 내 몸에 편한 대로 지내다 보니 문득 내 정신마저 편리함만을 추구하고 있다는 걸 깨달았다. 복잡하게 생각하는 것이 싫어서 관심을 가져야 할 사회 이슈들에 관심을 덜 쏟게 되었다. 온라인 뉴스를 덜 찾아보게 되었다. 또 구걸하고 있는 어느 노숙인을 지나치면 그의 삶은 어떨까를 생각하며 마음 아파하던 내가, 불편해지기가 싫어서 못 본 척하기도 했다. 누구라도 만나서 이야기하길 좋아했는데, 이젠 굳이 만나서 조금이라도 불편한 사람은 만나려 들지 않게 된다.

다행인 것은 우리가 인생을 살아가면서 여러 가지 선택을 용기 있게 내리면서 시행착오를 경험해 나가다 보면, 나에게 가장 중요한 가치가 무엇인가를 점점 알게 된다는 것이다. 내가 내린 선택의 결과가 성공이든 실패든, 그런 마음-나는 이런 인생을 살고 싶고 이런 가치를 중시하는구나-에 대한 세심한 관찰을 할 수만 있다면 나는 그것으로 이미 충분한 것 같다고 고개를 끄덕이고 싶다. 사유하고 고민하고 행동하면서, 건전한 자기 의심을 곁들인 선택들을 거듭 내리면서, 내 인생을 자율적으로 살아가고 있다는 감각. '나 자신으로 살아가기'란 바로 그런 게 아닐까 싶다.

임경선, 『나 자신으로 살아가기』 중에서

사는 게 다 그렇다고 한다. 조금씩 무뎌지는 것이고,

불편한 건 피하게 되는 것이라고. 그러나 이렇게 피하고 무뎌지기만 하다가는 잃게 될 내가 조금씩 두려워진다. 물론 그 나름대로도 나의 모습은 또 만들어질 것이고, 나라는 자아는 또다시 생겨날 테다. 편안한 지금이 무진장 좋지만, 어떤 데도 그다지 의욕이 생기지 않는 나는 내가 바라던 모습이 아니다. 조금 더 나은 사람이 되려 노력하고, 다른 사람들에게 좋은 영향을 끼칠 수 있는 사람이 되길 바란다. 지금 당장 좋은 것도 좋아하지만, 미래의 나를 항상 염두에 두고 싶다. 그것이 나를 있는 그대로 받아들이기 위한 노력이 되기를 바라면서.

실은 이런 과정은 늘 반복된다. 그러니까 비단 지금에만 해당하는 이야기는 아니라는 말이다. 열심히 살고 있던 나는 어느 때에 에너지를 잃고, 그렇게 쳐진 나를 보면서 이건 아니라는 생각이 들 때쯤 다시 힘을 내어 본다. 이 반복에서 얻게 된 나의 '불편에서 비롯된 편안함'도 있다.

오랫동안 나는 내가 여성으로서 겪는 불편함이 어떤지를 제대로 모르고 살았었다. 그러나 최근 이곳저곳에서 들려오는 여성들의 목소리를 듣다 보니, 나 역시도 불편한 일들이 수없이 많았으며, 나는 이것들을 당연하다고 여기기도 했다는 것을 깨달았다. 이런 자각이 생겨난 뒤로 스토킹 범죄와 데이트 폭력 등의 사건들에 조금 더 화를 내 보고, 여성들의 역사에 대해 조금이나마 더 공부하고, 나의 남성주의적인 발언과 생각들을 검열하고 반성하고 있다. 이런 불편함은 나를 외려 편안하게 만드는 힘이 되었다.

사소하게는 몸이 잠시 불편해지면 내 생활은 조금 더 편해진다는 것도 알게 되었다. 설거지나 집안일을 미루면 마음 한편에는 늘 집안일을 해야 하는데, 하는 불안함이 자리하고 있다. 이런 불안함을 없애려면 즉각적으로 몸을 움직이면 된다. 강박과 불안함을 느끼니 몸이 귀찮더라도 마음이 편해지는 게 낫다는 것을 깨달았다. 운동도 마찬가지다. 하러 가기까지가 너무 귀찮을 뿐, 하고 나면 몸은 무지 개운하다.

깨닫지 못했던 것들을 조금씩 깨달아가면서, 남을 이해하는 방법도 알아가면 좋겠다고 생각했다. 고집이 센 편이라 다소 나와 다른 사람을 이해하는 방법이 미숙한 나는, 이런 불편한 과정들이 내 안에서 반복되면서 내가 조금 더 성숙해지기를 바란다. 다른 이들과 부딪히기도 하고, 때로는 내가 잘못되었다고 좌절도 하게 될지라도. 그렇게 무너질 용기까지 낼 수 있는 사람이 되기를, 내 고집도 물러낼 사람이 될 수 있기를. 이 과정을 반복하면서 나는 나를 더 나아지게 노력하는 사람이라고 긍정하면서 스스로를 대견해하고 싶다.

추한 나여도, 너여도 괜찮기를

새어나갈 우울을 그대로 두는 것

　나의 우울과 고단함을 숨기지 못한다. 굳이 숨기고 싶지도 않다. 항상 행복한 모습만을 보여줘야 하는 것만큼 고단한 것도 없다. 모두가 지니고 사는 우울, 외로움, 고독, 슬픔과 같은 '추한 감정'들을 굳이 알리지 않아야 할 이유도 없다. 이게 우리가 사는 모습일 테니.

　누군가는 반대할 것이다. 다 같이 힘들고 고단한 삶, 서로 좋은 모습만 보여주는 게 낫지 않겠냐고. 물론 이 역시도 맞다. 다만 나의 경우는 내 감정을 겉으로 표현해내지 못하면 스스로 앓는 타입이라, 밖으로 끄집어내어야 내가 살 만해진다.

감정이란 퍼지는 법이어서, 행복해하는 사람이 있으면 덩달아 함께 기뻐지고, 슬프고 우울해하는 사람이 있으면 같이 음울해진다. 나는 우울을 자주 지니고 사는 사람이기에, 남의 우울도 받아들일 준비가 되어 있다. 내 솔직함만큼 다른 이의 솔직함도 받아들이고 싶다. 그걸 나눌 수 있는 관계가 된다면 우리는 비로소 친한 사이가 된다고 믿는 사람이다.

그렇기에 친애하는 내 사람들이 나에게 본연의 감정을 드러내지 않을 때 섭섭함을 느끼는 편이다. 그 사람의 그런 모습에 호소한 적도 있다. 나는 이렇게 솔직하게 털어놓는데, 너는 왜 그러지 않으냐고. 몇 사람과의 대화를 통해 이젠 그 호소가 그들에게 강요처럼 느껴지기도 한다는 것을 알게 되었지만, 여전히 나는 그들이 내게 기대어 주었으면 좋겠다.

내게 가장 기대었으면 하는 사람이 힘든 일을 좀체 털어놓지 않자 나는 호소했고, 그가 답했다. "힘든 건 나 하나만으로 족해. 너에게도 옮기고 싶지 않아"라고. 그는 분명 참는 게 버릇인 사람이었다. 그는 자신의 '추한 감정'이 죄인 것처럼 나에게 짐을 지우고 싶지 않아 했다. 그것 역시 나를 아껴서 한 행동인 것도 물론 안다. 그래서 그를 이해하려고 노력 중이다. 하지만 문득 왜 이런 감정들이 '추한' 것처럼 취급되고 있느냐는 생각이 드는 것은 멈출 수 없었다. 행복을 추구하는 존재인 우리들이지만, 그 속에서 행복만을 느끼고 살 순 없으니까.

> 추함은 인간의 존재 조건과 맞닿아 있다. 만약 고단한 인생사로 노래 가사를 쓴다면 고통, 소외, 질병, 노화 그리고 추함으로 후렴구를 만들어야 할 것이다. 추한 외모 덕분에 팔자가 피는 경우는 매우 드문 일이다. 대개 그 반대라고 해야 할 것이다. 추함은 개인을 위축시키고 소외시키며 집요하게 괴롭히고 많은 자유를 앗아간다. 그런데 마치 스스로가 그런 불운을 만들어낸 것처럼 추함은 개인을 죄인으로 만든다.
>
> 클로딘느 사게르, 『못생긴 여자의 역사』 중에서

내 우울함에 솔직해지고 싶으면서도, 한편으로는 지금 이 우울을 같이 느끼지 않아 공감해 주지 못하는 사람과의 대화는 꺼려 한다. 나는 그다지 포용력이 좋지는 않은 사람인 게다. 그래서인지 내가 괜찮지 않은 상태일 때, 긍정적인 에너지 넘치는 이들과는 대화가 무척이나 힘들다. 그를 그대로 또 받아들이지는 못한다.

사실은 공감해 주길 바랐던 것인지도 모르겠다. 내 '추한 감정'이 온전히 받아들여지지 않아 떼를 쓰는 행동인 것도 같다. 내 감정이 그대로 인정되지 않으면 거기서 또 실망하게 되는, 이기적인 나인 것이다.

지나치게 긍정이 넘치는 이와 함께 있을 때 견디기 어려워하는 까닭은 아마도 나도 그와 같이 밝아지고 싶은데, 지금의 나는 그렇지 않아서이기도 하다. 비교하게 되어서. 이럴 때는 SNS를 하지 않는다. 음, 하게 되더라도 나는 내 감정을 그대로 게재하고, 기쁜 그들의 이야기는 이전처럼 깊게 들여다보지 않는다. 더 비교하면 내가 초라해질 것 같아서. 이렇게 말하니 정말 속 좁은 사람 같은데, 그건 사실이다. 나는 내가 힘든 순간까지 남의 행복이 곧 나의 행복이라고 할 만큼 속이 넓은 사람은 되지 못한다. 그래도 가장 중요한 건 나의 감정이고, 내 감정과 남을 비교하며 수치심을 느끼기도 하는 속 좁은 사람이 맞다.

추함이 고통스러운 것은 타인과 비교되는 자신의 모습을 인식하기 때문이다. 추함이 겸허로 이어지는 것은 전혀 다른 사람이 되고 싶은 욕망이 실현 불가능한 일임을 존재가 정확히 알고 있기 때문이다. 물론 자기폄하로 인한 자존감의 상실로 어떤 다른 모습을 상상한다는 것이 아예 불가능한 탓도 있다.

클로딘느 사게르, 『못생긴 여자의 역사』 중에서

어쩌면 내게 자신의 고통을 털어두지 않았던 사람들도 나와 같은 생각이었을 지도 모르겠다. 내가 그들보다 밝아 보여서, 혹은 제대로 공감해 주지 않을 것 같아서. 어떻게 하면 진심이 담긴 마음으로 다른 사람의 추함까지 받아들일 수 있는 포용력 있는 사람이 될 수 있을까. 내가 당신의 우는 모습도 좋아한다고 해서, 그것이 그에게 큰 위로가 되지 않을 수도 있겠다. 그저 나는 당신이 어떤 상태이던 네 편이 되어주겠노라는 믿음이 있으면 될까.

나는 이기적인 감정을 지닌 사람이지만, 내 사랑하는 사람들에게 언제나 네 편이라는 믿음을 줄 수 있는 사람이 되겠다는 꿈은 가지겠다. 여전히 내 추한 감정들을 바깥으로 토해내겠지만, 이 감정을 나눌 수 있는 사람들이 내 옆에 더 많이 생기기를. 내 솔직함이 다른 이들에게 폐를 끼치지 않는 선에서, 내 사람들과 감정을 나눌 수 있는 방법을 언젠가는 찾아낼 테다.

편지 쓰는 마음

쓰고 읽는 마음이
같을 순 없어도

　어질러진 집을 둘러보면 꽤 많은 편지가 책장에 쌓여 있다. 조금이라도 나를 향한 메모가 쓰인 것들은 버리기가 어렵다. 고등학교 때 친구들과 주고받은 포스트잇의 메모까지도 모았던 나는 손으로 직접 쓴다는 것에 큰 의미를 둔다. 누군가의 손에서, 머리에서 나온 문장의 힘을 믿는 편이다. 문장의 방향이 나를 향해 있다는 것이 얼마나 귀한 일인지를. 언젠가 읽힐 문장을 써 내려가는 마음이 얼마만큼의 진심이 있어야 가능한 일인지를.
　가끔은 잊고 살던 사람의 편지를 발견할 때가 있는

데, 잊고 산 만큼의 부담이 끼얹어지기도 한다. 이렇게 마음을 나누던 사이였는데 어떻게 잊고 살았나 싶어져서. 편지에는 그래서 힘이 있다. 말은 한 번 지나가고 나면 그 워딩 그대로 확인하려면 기억에 의존해야 하는데, 편지는 펼쳐 읽으면 힘이 언제든 되살아난다. 편지하는 마음도, 편지를 읽는 마음도 모두 귀중하다.

그래서 편지하는 마음이 읽는 마음에 가닿지 않는 때가 오면, 실망이 가득해진다는 것도 잘 안다. 얼마 전 썼던 편지는 꽤 중요한 내용을 담고 있었는데, 아직 읽은 사람에게서 아무런 대답을 듣지 못했다. 기대를 해선 안 됐던 편지인데 기대를 해 버렸다. 그걸 인정하면서도 진심을 알아줄 거라 생각한 이들이었기에 대답이 없는 지금이 꽤 불안하다.

어리석은 나는 오래된 물건들을 꺼냈다가 거기에서 당신의 행간을 읽는다. 그때는 보지 못했지만 지금 보이는 마음에 짐짓 놀란다. 아, 그때 이 사람이 나를 참 많이 좋아했구나. 나를 사랑해 주었구나. 나 아프지 않고 걱정 없이 보냈던 날들에 나를 지켜주던 당신의 마음이 있었구나. 뒤늦게 고마운 마음에 미소 짓는다.

김민채, 『편지할게요』 중에서

잠을 잘 못 자고 있다. 어떤 날은 불을 켠 채로 잠들기도 하고, 어떤 날은 새벽에 깨어 버려서 쪽잠으로 나누어 잘 때도 있다. 대개 머리에 담고 사는 게 많은 때는 잠이 편치 못한 편이다. 뭐든 생각한 게 있으면 행동에 옮겨봐야 하고, 그렇게 시작한 건 지속해야 마음이 편하고, 눈에 보이는 결과가 나와야 만족이 되는 사람. 결과 지향적이라 결과를 빨리 손에 쥐기를 원한다. 그것을 얻을 때까지 계속 찾아보고, 손에 쥐었을 때의 나를 상상해 보고, 이 성취 이후의 나는 어떻게 변할지 꿈꿔본다.

현재 내가 꾸는 꿈에는 최근에 썼던 편지에 담긴 마음이 실현되어야 가능한 일도 포함되어 있다. 원하는 걸 이루려면 편지를 써야만 했던 것이다. 말로 전하기에는 조심스러운 이야기들, 조금 길어서 말로 정리해서 전하기엔 내 말의 그릇이 담지 못할 이야기들. 그 편지를 써 내려가는 동안 읽어줄 사람이 어떤 마음일지, 내 이야기에 귀 기울여 들을 준비는 되었을지 계속 생각했다. 잘 들어줄 거라 믿고 싶었다. 나는 내가 원하는 걸 이뤄야 했으므로.

내 편지를 읽고 나면 그의 마음이 동할 거라 생각했는데, 생각보다 읽는 마음은 나와 같지 않았던 것 같다.

내가 원하는 것이 이뤄지지 않길 바라는 사람에게 동의를 구하는 일은 생각보다 더 쉬운 일이 아니었다. 편지에서는 솔직함이 가장 좋은 무기라고 여겨왔다. 그러나 솔직함이 때론 불편해질 수도 있다는 걸 생각하지 못했던 걸까. 그저 마음을 전하는 것만이 아니라 설득해야 하는 편지였기에 답이 금방 오지 않으리란 건 알고 있다. 그럼에도 자꾸만 실망하게 되는 건 결과 지향성의 내가 조바심을 내고 있기 때문이겠지.

이번만큼은 여느 때와 달리 감정에 취해 보낸 편지가 아니었다. 사라져선 안 되는 나의 이야기를, 꼭 붙잡아야만 하는 내 삶의 가치를 알려야만 했다. 편지를 쓰는 동안 더욱 분명해졌다. 나는 이 편지를 꼭 써야 했다고. 어쩌다 보니 감정의 골이 깊어질까 두려워 연락을 하지 못하는 이에게, 나의 이야기를 전해야 했다. 나 이렇게 잘 살려고 노력하고 있다고, 내 이야기를 믿어줘도 된다고, 행복하길 바라는 건 나도 마찬가지라고.

여태 내가 선택해 온 모든 일에 후회가 없다는 말도 편지에 썼다. 정말이다. 내 선택에 후회하지 않으려고 그 선택 안에서 행복한 방법을 늘 찾으려 한다. 하나라도 더 이뤄내려 하고, 그래서 더 바쁘고 열심히 살려 하고, 더 많은 사람을 만나 다양한 이야기를 들으려 하고, 그들에게 나의 영향이 깃들 기회도 만들어보고. 모두에게 좋은 사람이 될 순 없어도, 되도록 많은 사람들과 나의 이야기를 나누고 싶어 한다. 그리고 내가 하고자 한 건 다 이뤄내려고 한다. 내 그릇이 허용하는 선 안에서. 내가 나에 대해 명확해질수록 이 편지의 의미는 더 강해졌다. 그러므로 나는 기대할 수밖에 없었다.

 언제쯤 답이 올지 알 수 없지만, 내 이야기가 읽는 이에게 닿아 서로의 거리를 지켜주길 바란다. 답장까지는 기대하지 않겠다. 내 진심이 꼭 닿았기를. 결국에는 서로의 행복을 비는 것이라는 마음이 만나기를.

새해 인사를 못 한 건 말예요

서로의 자리를 지키는 시간

"새해 복 많이 받아! 올 한 해도 수고했어!"

당연하게 주고받던 새해 인사가 올해는 왜인지 당연하게 나오지 않았다. 실은 휴대전화를 들여다보고 있을 마음의 여유도 나지 않았다. 집에 있는 시간은 많지만, 누군가와 연락을 주고받는 건 정말 특별하고 가까운 사이가 아닌 이상 선뜻 열어보기 어려웠다. 대답해야 할 것들은 쌓여가는데, 멍하니 TV만 보게 되었고, 이내 잠이 들곤 했다.

코로나19로 인해 일상에서 제한되는 것들이 많아지

면서 생활의 균형도 어긋났다. 사람들을 만나기 어려워지면서 유일한 낙이었던 운동을 혼자 해야 했고, 밖을 나다니는 것도 불안했다. 외식한 지 꽤 오래됐다는 사실도 잊고 살았다. 한 번 깨진 균형은 제자리를 찾기 어려웠고, 이따금 불안이 찾아왔다. 불안은 잠까지 잡아먹는 것인지 새벽이면 깨서 다시 잠을 청하기까지 꽤 오래 걸렸다. 계획된 일들을 해내긴커녕 미루기만 하는 날도 있었다. 이렇게 사는 내 모습이 싫은데, 시정할 힘을 내야지 하는 생각도 어느 순간 들지 않았다. 무서운 건 나만 이런 게 아니라는 것. 많은 사람이 같은 일을 겪고 있다는 것. 잠시 쉰다고 여기기엔 기약이 없는 이 시간을 어떻게 견뎌야 할지 모르겠다고 서로 토로한다.

나 하나 감당하기도 어려운 상태가 되고 나니 다른 사람을 생각할 겨를이 없다. 서로 힘겨운 상태가 지속되다 보니 뻔한 연락조차 하지 못하는 것이겠지. 어떤 말을 꺼내야 좋을지 생각하는 것도 버거운 우리들은 안부를 물어볼 힘도 내지 못하고 있나 보다. 새해 계획은 무엇인지, 무얼 하며 살면 좋을지 이야기하는 것도 갑갑한 지금은 현실 도피형 인간이 되기 딱 알맞은 때다. 서로 이해할 수밖에 없는 나태함을 다독이며 버티는 것이 우리가 할 수 있는 일인지도 모르겠다.

  힘내라는 상투적인 말이 더 힘 내기 어렵게 만들기도 한다. 그래서 괜한 연락을 하지 않는 것 같기도 하다. 서로에게 할 수 있는 말은 "힘내, 조금만 더 기다리면 될 거야"라는 것뿐이니까. 자신이 감당해야 할 감정은 각자의 몫이다. 그래서 감히 힘내라는 말을 '영혼 없이' 건넸다가 외려 더 힘이 빠질까 상투적인 말을 건네기가 어렵다.

  내 귀가 열릴 때, 내 힘이 닿을 때 이야기를 나누고 싶다. 진심을 열어서 당신의 이야기를 듣고 싶고, 같이 생각할 일이 있다면 머리를 맞대고 고민을 함께하고 싶다. 하지만 지금은 그때가 아닌 것 같아. 조금만 더 각자 버티고 있다가 만나요, 우리. 그러니 새해 인사, 안부 연락을 건네지 못해서 섭섭한 사람이 있다면 서로의 자리를 지키는 시간이라고 생각해주기로 해요. 내 자리에 발을 딛고 서 있는 것도 버거운 때라고 이해하자.

  올해의 소원을 묻는 내게 "네가 행복해지는 거"라고 말해주는 애인의 말에 그래서 더 찡했던 건지도 모르겠다. 그냥 지금 우리가 원하는 건 행복해지는 것뿐인데. 내 자리에서 누리던 것들을 되찾기만 해도 행복할 것 같은데. 이 단순한 것을 소원이라고 말해주는 사람이 있어 찡했다. 매일 있던 방구석일지라도 거창한 버킷리스트가 아닌 서로의 행복을 올해 소원이라 말해주는 그 순간은 오래 기억에 남을 것 같다.

2020년은, 아니 이 글을 쓰고 있는 지금도 끝나지 않은 팬데믹은 별생각 없이 살고 있던 인류에게 우리가 그동안 누리고 당연하게 여기던 것들이 사실은 몹시 위태로운 기둥 위에 아슬아슬하게 놓여 있었음을 깨닫게 해 줬다. 누군가는 분명히, 다른 대부분의 사람들도 희미하게는 알고 있었던 이 사실은 우리 세대가 처음 겪는 팬데믹 기간 동안 적나라하게 눈앞에 드러났고, 우리는 더 이상 이제까지와 같은 방식으로 살 수 없다는 경고음을 모두가 분명하게 들었다.

박상현, 『나의 팬데믹 일기』 중에서

물질적인 것보다 일상에서 느껴지는 순간의 행복이 내 삶을 더 피어나게 만든다는 걸 조금씩 더 알게 된다. 지금의 무기력에 빠지기 전의 나는 매일 한 가지라도 행복하다고 말하는 사람이었다. 퇴근 후 운동하고 저녁을 먹는 이 규칙적인 일상이, 내 돈을 벌어서 좋아하는 것을 할 수 있는 것이, 가족들에게 무언가를 해줄 수 있는 것이, 내 손으로 무언가를 만드는 것이 행복하다고. 이 모든 감정은 내 일상이 균형적으로 돌아갈 때 느꼈던 것들이다. 그래도 지금이 있으니 나중에 제자리를 찾을 때 그 자리가 당연한 행복이 아님을 알고 제대로 누릴 수 있지 않을까.

머지않아 다시 작은 것부터 행복하다고 말할 수 있는 내가, 우리가 되기를 기도한다. 새로운 일을 시작할 힘이 나기를, 먼저 연락할 에너지를 낼 수 있기를. 상투적인 대화가 아닌 진심으로 들어줄 귀를 내어줄 수 있기를. 그리고 이 자리에 우리가 있을 수 있음을 감사할 수 있는 사람이 되었으면. 물론 우린 잘살아갈 테지만, 당연한 것은 없다는 걸 알게 된 우리가 서로의 자리를 지키는 것만으로 잘살고 있다고 다독여줄 올해가 되었으면 좋겠다.

그러니 새해 인사를 침묵으로 대신하게 된 걸 이해하도록 해요.

들었다 놨다 해도 괜찮아

놓을 줄 알면
다시 잡을 수 있으니까

내가 좋아하는 사람과의 식사는 그와의 시간을 보내는 것이기에 내겐 메뉴가 크게 중요하진 않다. '밥을 먹기 위해 만난 사이'와 '밥을 먹으면서 나누는 사이'는 엄연히 다르다는 말이다. 물론 만나기 전 무얼 먹을지 정해보기도 하지만, 막상 만나서 이야기하다 보면 음식보다는 대화가 더 기억에 남는 사람을 내가 '좋아하는 사람'이라고 말하는지도 모르겠다.

지난 주말 이틀 동안 누군가의 집에 초대받았다. 밖에서 만나는 건 조심스러울 수밖에 없는 상황이니까, 나부터도 약속이 생기면 '우리 집으로 올래?'하고 물어보는 게 우선이 됐다. 분위기 좋고, 맛있는 음식이 나오는 음식점에 편히 있어 본 지는 오래됐다. 좋아하던 장소에 가지 못하는 건 아쉽지만, 편안한 차림으로 집주인의 취향과 일상이 고스란히 담긴 집에서 그가 내어주는 음식과 함께 두런두런 이야기를 나누는 일도 제법 정겹다. 특별할 게 없는 집밥도 차려준 사람의 애정과 대화가 곁들여지면 엄청난 맛이 된다. 점점 이런 맛을 느낄 수 있는 사람들만 가까이하게 된다.

내가 생각하는 최고의 우정 표시는 함께 식사를 하는 것이다. 함께 밥을 먹는 자리에 성별과 나이는 쓸데없는 참견이다. 우리는 배가 고프고, 이왕이면 말이 통하는 사람과 즐겁게 식사하고 싶다. 만약 상대가 혼자 살고 있다면 집으로 초대한다. 우리 집에서 먹는 밥이 대단치는 않아도 그가 혼자 집에서 먹을 때보다 반찬이 한 가지는 더 있을 것이다. 나로서도 어차피 집에서 밥을 먹으니까 젓가락만 한 짝 더 놓으면 된다. 입이 하나 늘어도 불편할 게 없다.

내가 고수하는 인간관계는 지금 그 사람에게 최선을 다할 것, 그리고 나와 같은 말, 같은 생각을 가진 사람과 만나는 것이다.

소노 아야코, 『무인도에 살 수도 없고』 중에서

사진첩을 주기적으로 열어본다. 내가 어떤 사람들과 함께 있었는지, 이때의 나는 무얼 했는지 복기하고 싶을 때마다. 최근 날짜까지도 등장하는 친구도 있지만, 언젠가부터 따로 만나지 않는 사람들도 꽤 많다. 한때는 오래 갈 사이라고 생각했던 친구들과 멀어지기도 했다. 같은 말을 하고 있던 우리가 어느 순간 아무래도 조금 다른 결을 가지고 있다고 서로 생각했던 것일 테다. 틀어진 결은 다시 같은 방향으로 흘러가게 만들기 어렵다. 시간이 흐를수록 그 결을 따라가 보려고 노력할 힘도 줄어든다.

나이를 조금 더 먹어서 그런 것일까. 새로운 관계를 만드는 게 아니더라도 '굳이?' 하는 생각이 드는 관계와의 자리를 다녀오면 기가 빨린다. 어떻게 사는지 궁금한 친구들은 꽤 있지만, 서로 말을 아낀다. 무소식이 희소식이겠지, SNS에서 보니 잘 사는 것 같더라, 정도로 그와의 관계를 거기까지만 둔다. 친하게 지내던 사람들만 더 귀하게 여기게 된다. 그것만으로도 벅찰 때가 있다.

관계를 놓을 줄 아는 것은 내가 체득한 지혜로운 일 중 하나다. 과거의 나는 관계가 틀어지면 내가 무얼 잘 못했는지 돌아보면서 그 관계를 이어가야 한다는 강박이 있었다. 잘 맞지 않아 스트레스를 받는 관계일지라도 끊어내지 못했고, 할 말이 없어도 침묵이 불편해 이런 저런 말로 대화를 이어갔다. 서로가 궁금하지도 않은데 계속해야 하는 대화는 쉽게 지친다. 괜한 열등감이나 자격지심을 일으키는 이야기는 더 이상 않기로 했다. 끊어내는 건 아니지만 그와의 관계를 서서히 놓는다. 뭐 언젠가 다시 붙을 수도 있겠지 하는 여지를 살짝 남기는 것도 괜찮은 것 같다. 사람은 변하기도 하니까.

그러다가도 그와 내가 결이 비슷해지는 때가 오기도 할 것이다. 서로에게 최선을 다할 수 있는 시간이 오는 관계가 있을 테다. 그때 서로를 더 챙겨주면 되는 것이라는 걸 오래된 친구들과의 관계를 통해 배웠다. 다시 서로가 어떻게 살고 있는지 궁금한 사이가 되는 것이다. 이상하게도 놓고 나면 이 관계는 다시 손을 내미는 것 같다. 곁에 있을 사람은 어떻게든 곁에 남는다는 말이 그래서 있는 거구나, 하고.

드라마 <슬기로운 의사 생활> 속의 친구들처럼 내내 옆에 있는 친구들이 있다면 가장 좋겠지만, 나와 비슷한 방향으로 걸어가는 사람들을 제때 찾아 가깝게 지내는 것도 각자의 삶을 윤택하게 해주는 요소가 아닐까. 비슷한 속도로 걸어가는 순례길에서 만난 사람처럼 잠시 같이 걷더라도 좋다. '좋아하는 사람'으로 기억될 순간을 나누는 것만으로도 고마웠구나 하는 시간이 올 줄 믿으니까. 지금 당장 같이 밥을 먹지 못하더라도 언젠가 또 밥과 이야기를 함께 나누고 싶은 사람이 될 수 있으니까.

집에 초대해주는 내 친구들을 더 아껴야겠다. 기꺼이 집을 내주는 사이는 아무래도 많이 아끼는 사이인 게 분명하다. 나와 시간을 나눠 줘서, 만나자는 이야기를 꺼내 주어서, 밥을 먹어주어서 고마운 사람들과 같은 방향으로 걸어가도록 그들을 계속 살펴야겠다.

3장

잃어버린
아름다움을 찾아서

뱁새의 행복

황새 따라갈 필요 없는

삶을 위해

내리쬐는 햇볕, 탁 트인 시야, 아늑한 썬베드와 옆에 놓인 칵테일. 지상 낙원이 따로 없을 이 그림이 몇 주 뒤 펼쳐질 내 휴가일 거라고 믿으며, 손꼽아 기다리고 있다. 그러나 이 그림에는 전제가 있다. 예쁜 수영복을 입고 매끈한 몸매의 내 모습이어야, 비로소 완벽한 그림이 될 거라 생각한다는 것. 아쉽게도, 이 전제는 성립이 되지 않았다. 내가 상상하던 완벽한 휴가는 그림으로만 존재할는지도 모른다.

새 옷을 차려 입고 거울 앞에 섰는데 어색하기가 짝이 없구나

그토록 탐을 냈던 값비싼 외투인데 이건 내게 어울리지 않아
이건 내게 어울리지가 않아
나도 쟤처럼 멋들어지게 차려 입으면 훨훨 날아갈 줄 알았어
점점 개 같은 옷들로만 가득 찬 나의 인생을 보며 쓴웃음만
이걸 다 갖다 버릴 수도 없고 해서 입고 나왔는데 쥐구멍 찾아 숨고 싶구나
그들에겐 꼭 맞는 어여쁜 외투인데 나한테만 어울리지 않아
나만 엄청 어울리지 않아

나도 쟤처럼 멋들어지게 차려 입으면 훨훨 날아갈 줄 알았어
점점 개 같은 옷들로만 가득한 나의 인생을 보며 스쳐가는 생각들
내게도 그런 날이 올까

선우정아, 「뱁새」 중에서

날씨가 조금만 더워져도 다이어트 광고들이 쏟아져 나온다. 겨울 동안 더 불어버린 나의 몸을 부여잡고 거울 앞에 서서 지난 몇 달을 반성하는 일은 매년 반복되는 레퍼토리다. SNS를 들여다보거나 TV를 시청할 때, 혹은 거리를 거닐 때조차도 나는 내가 원하는 몸이 되지 못한 나 자신을 질타한다. '나도 쟤처럼 멋들어지게

차려입으면 훨훨 날아갈 줄 알았어'라는 노래를 남몰래 읊조리면서. 혹여 이런 생각을 하는 내가 밖으로 드러날까 적당히 나 자신을 포장해 가면서.

뱁새 같은 나의 모습은 도대체 어디에서 비롯된 걸까. 나를 나대로 온전히 받아들이지 못하고 이상적인 모습의 나를 끊임없이 꿈꾸게 만드는 것. 나도 언젠가는 날아보자고, 지금 나의 모습은 부정하게 되거나 온전치 못한 모습이라고 생각하게 만드는 것. 수없이 많은 순간에서 자존감을 잃어가고 있는 이 불행한 사태를 비단 나만 겪는 것은 아닐 테다.

나는 태어나 지금까지 통통하지 않았던 때가 없었다. 여태껏 웃을 때 눈이 작아지고, 볼살이 오동통하게 올라오는 웃는 내 모습이 싫어 사진을 찍을 때면 활짝 웃지 못했다. 엄마가 메신저 프로필 사진으로 내가 활짝 웃고 있는 사진을 해 둘 때면 "왜 이렇게 못생긴 걸 골랐어"라고 핀잔을 주기 십상이었고, 나조차도 활짝 웃지 않아 그나마 볼살이 덜 보이는 사진을 고르곤 했다.

얼마 전, 누군가 찍어 준 나의 사진을 보는데 문득 '지금 이대로도 나를 사랑할 만한데?' 하는 생각이 들었다. 더 이상 누군가와 나를 비교하며 지금의 내가 인정되지 않는 사태를 겪고 싶지 않았다. 누구를 위해, 무엇을 위해 나 자신을 변화시켜야 내가 행복해질 수 있는지를 곰곰이 생각해 보았지만, 그런 대상은 존재하지 않았다. 그냥 현재 행복해하는, 자신을 더 보듬어주는 내 모습이 고파질 뿐.

하지만 나를 사랑하는 내 모습이 고프다고 해서 바로 나를 사랑할 수 있던 것은 아니었다. 나는 끊임없이 사랑할 만한 가치가 있는 모습인지 스스로 검열하고, 남들에게 보여질 나의 모습을 더욱 신경 쓰게 된다. 여전히 화장을 하지 않은 날에는 왜인지 예의를 덜 차린 것만 같다. 날씬하지만은 않은 나의 모습을 거울로 바라보며 이상적인 몸으로 생각해 왔던 누군가의 몸을 자꾸만 떠올린다.

어제 지하철에서 내게 벌어진 성추행을 두고서도 나는 스스로 내가 성추행을 당한 것이 맞는지 되새김질하고 있었다. 왜냐하면 당시의 나는 화장기 없는 얼굴에, 헐렁한 바지를 입고 있었고, 누가 봐도 매력적이지 않을 모습이라고 스스로 재단했기 때문이다. 분명 내가 당한 것은 성추행이 맞는데도, 나는 그런 추행일랑 나보다 조금 더 매력적일 누군가에게 벌어질 일일 거라고 성추행 앞에서도 나를 검열했다. 분명한 성추행 앞에서 '내게 성추행을 벌인 게 맞을까?' 하고 고민하는 사이, 가해자는 그렇게 또 조용히 묻혔다. 어떠한 대가도 치르지 않은 채로. 그는 또다시 나처럼 고민하고 있을 누군가에게 추행할 테다.

 요즘 들어 운동에 취미를 붙인 나는 운동을 하면서 예전보다 더 많이 움직이려 하고 먹는 것에도 신경을 쓰는 편인데, 왜 사이즈가 줄어들지 않을까를 늘 고민했다. 그러다 보니 운동이란 것 자체가 오로지 몸을 만들기 위한 수단으로만 여겨졌고, 운동을 할 때마다 과연 몇 칼로리나 소모했을까, 오늘은 얼마나 빠졌을까 그런 생각만 하게 되었다. 이런 마음으로 운동을 하는 나는 전혀 행복하지 않았다.
 예전보다 조금 더 노력하고 있음에도 큰 변화가 없는 내 몸을 보면서 '그냥 좀 더 건강하기나 하면 좋겠다'며 몸을 만드는 것에 대한 욕심을 버렸다. 그랬더니 운동을 하는 것, 샐러드를 챙겨 먹는 것이 나를 챙기는 행동처럼 여겨졌고, 그것들을 하고 나면 왠지 모를 성취감에 행복해지기까지 했다. 10km 달리기를 해내는 내가 대견해졌고, 근육통으로 아픈 몸을 부여잡고 다시 운동을 가는 내가 사랑스러웠다. 물론 아직도 나는 날씬한 몸을 가지지 못했다. 그럼에도 건강하게 먹기 위해 요리하고, 귀찮아도 몸을 움직이려 노력한다.

뱁새 같던 나는, 이제 더 이상 황새를 따라가지 않아도 되는 삶을 꿈꾼다. 자기혐오인지도 몰랐던 나에 대한 부정을 어떤 방식으로든 긍정으로 바꾸고 싶다. 하지만 언제고 나는 다시 또 이런 자존감을 가져도 되는가에 대한 의심을 품을지도 모른다. 그 의심으로 부디 지금의 나를 불행하게 만들지 않기를, 의심이 확신으로 바뀔 수 있기를. 자신을 뱁새라고 생각하는 것도 언젠가는 멈출 수 있기를 기원하며 여행에서 입을 수영복을 골라본다. 자신있게!

내 방 창문의 적막한 숨결

**블라인드를 쳐야 하는
내 방에서**

나의 금요일 저녁은 창문을 가로막고 있던 블라인드를 걷으면서 비로소 시작된다. 평소에는 블라인드로 덮고 있던 커다란 창이 제 기능을 할 수 있도록 창의 숨통을 만들어두고 나면, 그때서야 한 주를 털어낼 만큼의 여유가 생겨나는 것만 같다. 저 건너편 건물의 사무실의 사람들이 모두 불을 끄고 퇴근한 금요일 저녁에만 느낄 수 있는 여유다.

나는 큰 창을 갖고 있음에도 제대로 창을 건너다볼 수 없는 '건물 속의 집'에 살고 있다. 그러니까, 마주하는 건물과의 사이가 무척 가까워 서로 무엇을 하고 있는지 들여다볼 수 있을 정도라는 말이다. 행여 밤늦게까지 야근하는 사무실이 저 건너편에 있으면 집에서 쉬고 있는 내 모습이 적나라하게 보일 것 같아 블라인드를 창끝까지 내려 나의 '보이지 않을 권리'를 조용히 주장하고 있다.

누군가가 내가 무얼 하고 있는지 보이는 시선에 있다는 것은 꽤 신경이 쓰인다. 집에서 별나게 있는 것도 아닌데 괜스레 보고 있을까 경계하게 된다. 어떤 때는 이 느낌이 거의 공포에 가까워지기도 한다. 예전에 대학 근처의 원룸에서 자취할 때, 날이 너무 더워 창을 열어 두고 자고 있던 나를 누군가가 쳐다보고 있다가 슬쩍 잠이 깬 나와 눈이 마주친 적이 있었다. 그 사건 이전에는 누군가가 나를 볼 수도 있다는 생각이나 경계를 한 번도 한 적이 없었다. 하지만 그 일을 겪은 뒤로, 창이 있는 곳이라면 어떤 때라도 경계하게 되었다. 창 밖에 누군가가 있는 것은 아닌지, 조금이라도 보이지 않는지 늘 경계하다 보니 어느 순간 창은 내게 '공간의 숨을 불어넣는 곳'으로서의 기능을 제대로 하지 못하고 있다.

그렇게 공간에 숨이 깃들지 않은, 그러니까 블라인드

로 집의 모든 숨구멍을 닫아놓은 상태의 집에서 생활하다 보면 공간에 스스로가 매몰되는 것 같은 기분이 들기도 한다. 더군다나 혼자 사는 나에게 창은 바깥세상과 연결되어 있다는 어떤 의미가 되기도 하기에, 나의 위치를 이해하는 데 무뎌지게 만든다. 가령, 어두워지는 것이 보이지 않아 언제나 한밤중처럼 여겨져서 해야 할 일이 있음에도 침대에 먼저 뛰어들게 되는 것이다. 내가 무얼 해야 하는지, 어떤 생각을 하는지를 스스로 잊어버리게 만든다. 단지 창이 막혀 있을 뿐인데 나는 나의 상태를 자각하기가 어렵다. 창은 내게 그래서 더욱 의미 있는 공간의 한 부분이다.

창이 삶의 질에 미치는 어마어마한 영향을 생각해 보면, 공간의 조건과 삶의 조건은 크게 다르지 않다. 우리는 창으로부터 세상과 나의 관계를 이해하는 통찰력을 키운다. 지나간 경험의 이야기보다 현재 그 경험을 뚜렷이 살고 있는 사람과의 대면이 주는 전율처럼, 창과 벽의 상대성과 상호성은 나의 현재와 깊이 관련된 것이므로 의미가 있다.

김현진, 『진심의 공간』 중에서

얼마 전 친구와 몰래카메라 이야기를 했었다. 난데없

이 몰래카메라 이야기가 나온 것은 유럽의 한 한인 민박에서 호스트가 게스트 샤워하는 모습을 카메라로 찍은 사건이 있었다는 글을 봤기 때문이었다. 사진을 찍은 통로는 바로 창문이었다. 친구와 이제는 카페 화장실에 가서도 창문이 있으면 경계하게 될 것 같다는 대화를 나눴다. 공간의 숨을 위한 통로가 바로 창문인데, 그 통로가 열려 있으면 되려 경계하고 폐쇄되어야 안심하게 된 것이다. 가장 편안하게 있어야 할 내 집에서도 블라인드를 내리지 않고 있으면 불안하게 되는 것처럼.

어쩌면 내가 블라인드를 내리는 것은 시선에서 벗어나고 싶은 마음뿐만이 아니라, 그 시선을 걷어 내면서 나를 보호하려는 무의식이 반영된 것이 아닐까. 밖을 나가면 어디에서든지 사람들의 시선이 있다는 강박관념이 있고, 그것을 의식하면서 행동하게 된다. 그 의식 속에서 나는 상처받기도 하고, 부끄러워지기도 한다. 이런 내 모습을 너무나도 잘 알고 있어서, 집에 있는 그 순간만큼은 나를 각종 시선으로부터 독립시키기 위해 블라인드를 내리는 거라는 생각이 문득 들었다. 자기방어의 일환으로 말이다.

마침 오늘은 금요일 저녁이다. 퇴근 후 집에 가서 사

람들의 시선이 거두어진 창밖의 세상을 내 방으로 끌어들여 내 방이 숨을 쉴 수 있도록 해주어야겠다. 그래서 내 방이 자신의 위치를 알 수 있도록. 그 안에 있는 나도 나의 위치를 자각할 수 있도록. 자기방어를 위해 쳐버렸던 블라인드를 걷어낼 오늘 밤이 기다려진다.

차라리 감정의 소용돌이에 휘말리고 싶을 때

더 재미있게 살고 싶다는 욕망

 최근 내게 고민이 하나 있다면, 어떤 것에서도 기쁘거나 슬프다는 감정을 크게 느껴본 적이 없다는 것이다. 스스로 감성이 풍부한 사람이라고 생각하기에 감정의 동요가 쉬이 느껴지지 않는 요즘의 내 모습은 퍽 낯설다. "이 정도면 살 만한 것 같아"와 같은 짐작과 합리화가 나를 뒤덮고 있다.

 어쩌면 나는 어릴 때부터 주인공이라는 의식이 강했는지도 모른다. 내 삶이 영화나 드라마처럼 매일 새로운 일들이 일어날 것이라는, 그 일들로 인해 내 감정이 오르락내리락 하는 격동의 삶일 거라는 생각을 했던 것 같다. 사실 아직 내 삶은 조금 더 '재미있어야' 한다는 욕심이 있는 게 아닐까. 여기서 말하는 '재미'는 슬프거나 행복하거나 우울하다는 등의 내 감정의 변화가 극명하게 일어나는 것에서 스스로가 느끼는 다채로움에 대한 것이다. 그렇기에 지금의 나를 내 기준에서 말하자면, 재미가 없다고 말할 수도 있겠다.

누군가와의 관계가 무너지면 그 상대에게 쏟은 정만큼 슬퍼했고, 어떻게 나에게 이럴 수 있느냐고 화가 나서 밤을 지새우기도 했다. 때로는 그 사람으로 인해 벅차오른 마음을 세상의 모든 이들에게 전하고 싶을 만큼 웃고 다니기도 했다. 감정을 숨기거나 절제하는 방법이라곤 전혀 모르던 사람이 바로 나였다. 감정이 흘러넘쳐서 비단 내 감정뿐만이 아니라 누군가의 슬픈 이야기를 들으면 덩달아 슬퍼져서 같이 눈물을 흘렸던 적도 있다.

지금 이 모든 감정을 느끼지 못한다는 것은 아니다. 이런 내 감정은 아직 유효하다. 그러나 과거형으로 말하고 있는 것은, 저렇게 감정이 흘러넘치던 때의 나는 내가 느끼는 감정이 내 삶의 전부였기 때문이다. 감정에 잠식되어 아무것도 할 수 없던 때가 있었고, 그 감정에 사로잡혀 일상을 일상답게 살아내지 못했다. 남들 앞에서는 덤덤한 척, 그런 감정 따위 너무 사사로운 것 아니냐고 말하고 다녔을지 몰라도, 나는 분명 쉽게 감정에 사로잡히곤 했다.

그랬던 내가 누군가와 관계가 단절되어도 그냥 아무렇지 않은 채 일상을 살아내고, 일찍 하늘로 떠나보낸 S를 생각해도 이제는 정말 떠난 사람이 맞구나 하고 인정하게 되었다. 누군가 나를 욕하고 다닌다고 해도 잠시 잠깐 화가 날 뿐, 무시한 채 살아가면 별문제 없다는 생각이 들기 시작했다. 무얼 해도 무덤덤해지고 있는 것이다. 누군가는 무덤덤하고 담담해지고 있다는 것은 지극히 평범한 일이라고 말했다. 그 감정 하나하나에 신경을 다 쏟고 살면 어떻게 일상을 살아갈 수 있느냐며.

감정의 소용돌이에 휘말리지 않는다는 것은 평정심을 유지하며 일상을 잘 살아내고 있다는 말이 될 것이다. 그러나 나는 앞서 감정에 큰 동요가 없는 것이 고민이라고 했다. 감정에 큰 동요가 없다 보니 공감 능력이 조금씩 떨어지는 것 같기 때문이다. 사람들과 대화할 때, 겉으로만 공감하는 척하면서 그에게 크게 감정을 쏟는 것마저 귀찮아져서 공감 불능의 상태로 대화를 이어나가는 때가 생겨나고 있다. 이대로 가다간 누구에게도 제대로 공감하지 못한 채 영혼 없는 대화만을 이어나갈 것 같다는 생각이 들었다.

  글자를 씹듯이 음미하며 목소리로 내뱉는다. 계속 계속, 외울 때까지 계속, 같은 말을 여러번 되뇌면 말의 뜻이 흐릿해지는 때가 온다. 그러다 어느 순간 글자는 글자를 넘어서고, 단어는 단어를 넘어선다. 아무런 의미도 없는 외계어처럼 들린다. 그럴 때면, 내가 헤아리기 힘든 사랑이니 영원이니 하는 것들이 오히려 가까이 다가온 것 같은 느낌이 들곤 했다. 나는 이 재밌는 놀이를 엄마에게 소개했다. 그러자 엄마는 이렇게 말했다.

  - 뭐든 여러 번 반복하면 의미가 없어지는 거야. 처음엔 발전하는 것처럼 보이고 조금 더 지난 뒤엔 변하거나 퇴색되는 것처럼 보이지. 그러다 결국 의미가 사라져 버린단다. 하얗게.

손원평,『아몬드』중에서

  소설『아몬드』를 읽으면서 감정을 느끼지 못하는 선천성을 갖고 태어난 윤재에 대해 곰곰이 생각하다, 나도 별 다를 바 없는 감정 불능의 인간이 되어가고 있는 것이 아닐까 생각했다. 후천적인 감정 불능의 인간이 되어가고 있는 상태. 심지어 자신의 감정에도 솔직하지 못한 상태가 된 것은 아닐지. 자신의 감정을 들여다보는 것조차 귀찮아서 잠들기 전까지 휴대폰 속의 큰 의미 없는 소모성 정보들로 시간을 보내고 있다는 걸 잘 알고 있기 때문이다.

이 감정 불능의 순간조차도 반복되면 익숙해져서 '퇴색되는 것처럼 보일' 것이고, '그러다 결국 의미가 사라지면' 그땐 정말로 이 상태가 지속될 것 같다는 치기 어린 걱정을 한다. 드라마처럼 살고 싶었는데, 감정을 제대로 들여다보지 못한다면 내 삶은 이대로 재미없게 끝이 나고 말겠구나 하면서. 원하는 대로 살고 싶다고 말하는 게 사치인 세상일는지는 몰라도, 의미가 사라지는 삶을 살고 싶지 않은 것만은 분명하다. 이건 비단 나만의 이야기는 아닐 것이다. 삶에서의 재미를 포기한 사람은 있어도 바라지 않는 사람은 없다는 것만큼은 누구에게나 해당할 테니까.

내 삶에 대한 욕심에서 비롯되었을지 모르는 이 '재미있는 삶'에 대한 갈구가 감정의 평정에 의해 멈추어버린 지금, 하얗게 사라지기 전의 내 감정들을 조금이라도 붙잡아 내겠다는 의지를 붙들어 맬 수 있는 사람이 되기를 바란다. 조금 더 재미있게 살고 싶으니까.

아름다움은 헛수고일까

나를 살게 하는 동경하는 마음

　버스 정류장에서 '10분 후 도착'이라는 문구를 보면 한숨이 나온다. 이렇게 10분도 기다릴 줄 모르는 성미가 급한 요즘의 나는, 그리움이나 기다림과는 거리가 먼 사람이 된 것 같다. 여유란 어느새 사라진 지 오래다. 지하철 앱을 켜 '빠른 환승'을 계산하고 있는 우리는, 여유만 잃어버린 게 아니라 '아름다움'도 놓치고 있는 건 아닐까.

　무언가를 보고 '아름답다'고 말한 게 언제였는지 떠올린다. 여행지에서, 혹은 며칠 간의 휴가 중에서나 가능했던 감정이다. 내게 시간적, 심리적 여유가 있을 때에야 비로소 아름다움이 느껴진다. 그래서일까. 일상에서 아름다움을 발견하기란 참 어렵다. 아름다움은 늘 동경의 대상이고, 낭만을 노래할 대상이며, 때론 현실을 도피할 거처가 된다.

그럴 때 나는 소설을 읽고, 시를 읽고 쓴다. 미술관을 찾아 낯선 그림 앞에 서성이고, 공연장에 홀로 앉아 무대를 바라본다. 현실의 나는 메말라만 가기에, 목을 축일 어느 감정 하나를 부여잡기 위해서 말이다. 그렇다고 내가 다독을 하거나, 다작을 하는 사람은 아니다. 다만 계절마다, 달마다 하나쯤은 마음을 붙잡는 작품을 만날 수 있을 만큼의 소소한 취향을 가지려 노력할 뿐이다.

대학교 1학년 3월 어느 날, 가와바타 야스나리의 소설 『설국』 첫 문장을 처음 읽고 한동안 헤어나오지 못했다. '국경의 긴 터널을 빠져나오자, 눈의 고장이었다.'는 그 문장. 시를 쓰겠다고 국문과에 왔건만, 내겐 모르는 작가와 작품들뿐이었다. 굳이 '긴 터널'이라고 표현한 게 압권이라던 교수님의 말씀이 인상 깊었다. 그날 상상했던 설국의 이미지가 해마다 겨울이 오면 머릿속을 떠돌아다닌다. 겨울이 지닌 눈의 아름다움을 이

보다 더 섬세하게 표현할 수 있을까.

　가와바타 야스나리는 감정이나 사랑 같은 보이지 않거나 변하는 것에 대해서는 직접적으로 말하지 않는다. 그에게 그런 것들은 모두 『설국』에 끊임없이 등장하는 '헛수고'에 해당하는 것일지도 모르겠다. 그럼에도 그는 자연이나 여성의 아름다움에 대해서는 계속해서 그려낸다. 헛수고로 기억될지 모를 아름다움들이지만, 우리는 결국 그런 감정들과 사랑을 동경하며 살아간다. 눈에 보이는 것이든, 온몸으로 스치는 것이든, 아름다움은 우리 삶의 이유가 된다.

　오랫동안 보고 싶던 뮤지컬 <나와 나타샤와 흰 당나귀>를 본 날도 그랬다. 그해 가장 추웠던 날씨를 뚫고 찾아간 무대는 놀라울 만큼 단조로웠다. 피아노 한 대, 단상 하나, 그리고 대나무로 이뤄진 배경. 무대는 간결했지만, 백석과 자야의 속삭임이 입혀져 그곳은 '세상 같은 건 더러워 버리는' 견고한 사랑의 세계가 되었다.

　눈이 내려 그를 사랑함이 아니라 '아름다운 나타샤를 사랑해서' 푹푹 눈이 나리는 설국. 사랑해서 눈이 내린다는 말은 헛소리일지도 모르지만, 그런 헛소리가 마음에 푹푹 내려앉는다. 더럽고 버려버리고 싶은 세상일지라도, 정말로 세상을 버릴 수는 없다는 것을 우리는 알고 있다. 그래서 우리는 여전히 세상을 붙들고, 아름다운 것들을 좇는다. 잃어버린 채로, 동경하면서.

> 산골로 가는 것은 세상한테 지는 것이 아니다
> 세상 같은 건 더러워 버리는 것이다
> 백석, 「나와 나타샤와 흰 당나귀」 중에서

『설국』의 시마무라가 기차를 타고 도착한 '설국'과, 백석이 나타샤와 함께 가고 싶던 '마가리'는 어쩌면 닮았을 지도 모른다. 별다를 것 없는 풍경 속에서 순수하고 깨끗한 아름다움을 간직한 곳. 그 안에서 피어난 사랑은 현실에선 이루어지기 어렵고, 오히려 괴롭기까지 하다. 하지만 그렇다고 없는 편이 낫다고는 할 수 없다. 손에 쥐려 하면 빠져나가는 아름다운 마음과 사랑. 그것들은 우리가 세상을 살아내는 힘이 된다. 잃어버린 채로라도, 우리는 그 아름다움을 말하고 써야 한다.

내가 붙들고 살 아름다운 순간은 언제일까. 사랑하는 사람 곁에 있기 위해 모든 것을 버릴 수 있다고 느꼈던 순간일까, 내가 가진 말 속에서 시를 발견한 순간일까, 아니면 너무 익숙해 놓치고 있던 것들의 소중함을 진실로 깨달았던 그때일까. 일상에 밀려 잊고 있던 순간들을 되짚는다. 마음먹고 찾아보면, 매일 아름다운 순간은 꼭 한 번씩 생겨난다. 하지만 이내 잊는다. 아름다움보다 고통이 더 오래 기억에 남기 때문일까.

  감상적인 사람이 되었던 어느 겨울밤, 굳이 글을 쓰고 싶었던 이유는 갑자기 스쳐간 아름다운 순간 하나 때문이었다. 베갯잇에 흘러 다니는 나만의 낭만적인 이야기들이 잠드는 시간조차 아깝게 만들었던 밤. 나는 앞으로도, 하나씩 상실된 채로 세상을 살아가며 아름다움을 좇을 것이다. 누군가에겐 헛수고라 일컬어질지라도, 내겐 견고한 낭만일 테니.

관성에서 벗어나기

나이에서 0을 발견할 때

서른이 되고서야 자전거를 배웠다. 한강길을 따라 출퇴근하다 보면 자전거를 타지 못한다는 사실이 늘 아쉬웠다. 걷기를 좋아하는 사람이지만, 자전거를 타고 봄바람을 맞으며 달린다는 건 어떤 느낌일까 궁금했다. 언젠가는 배워야지 하고 넘기던 게 서른이 되고 나니 더 이상 미루고 싶지 않아졌고, 마음을 먹었으니 곧장 따릉이 정기권을 결제했다.

어려서부터 바퀴 달린 것들을 가까이하지 않았던 내게는 페달을 조작하는 것도 새로운 일이었다. 페달을

밟는 발이 미끄러질 때마다, 자꾸만 기우뚱하며 핸들을 우왕좌왕할 때마다 옆에서 가르쳐주던 애인은 안 하던 걸 하는 거니 당연한 거라고, 잘하려는 마음이 앞서면 다칠 테니 찬찬히 마음을 먹으라고 말했다. 아니나 다를까, 얼른 잘 타고 싶어 혼자 밤에 자전거를 달리다가 크게 넘어졌다. 새로운 움직임을 몸에 익히는 동안 마음도 몸도 함께 긴장했던 것인지, 크게 다치지도 않았는데 회복하기까지 며칠이 걸렸다.

가만히 있으면 다치지 않았을 테지만, 움직일 수 있는 몸을 관성에 맡겨 둔 채 살던 대로 살기에는 아직 에너지 넘쳤나 보다. 걷기만으로도 충분하다 생각했던 일상에 자전거가 들어오고 나니 더 멀리 가고 싶어지고, 출퇴근의 20분 남짓한 시간이 기다려지고, 안 가 본 길을 가 보는 것이 설레기도 한다. 일상의 반경을 넓혀줄 움직임을 익히고 나니 다른 즐거움이 생겼다. 이 움직임을 몸에 더 잘 익히고 싶어서 한동안은 따릉이를 애용할 것 같다. 잘하고 싶어지는 게 늘어난다는 건 나를 더 움직이게 만든다.

서른을 강조하는 건 '꽤 나이 먹었네'의 의미가 아니다. 마음먹은 건 다 해내고 싶어지는 10단위의 시작을 강조하기 위함이다. 스무 살 무렵의 나를 자꾸만 소환 해주는 각종 클라우드 속의 '몇 년 전 오늘의 나'를 보면서 무엇이든 해보고 싶었던 호기심 가득한 시절을 떠올린다. 하고 싶은 것도 많고 가고 싶은 곳도 많았던 때. 관성이 생길 틈이 없던 시간들.

딱 10년 터울이라 이제 스물이 된 동생은 지금 하는 모든 새내기의 일상들이 신나고 행복하다고 한다. 그때의 에너지를 나도 기억한다. 뻔한 표현인 '신나고 행복해'라는 말이 완전하게 느껴지는 때가 그리 많지 않다는 걸 이제는 안다. 동생이 느끼는 그 싱그러운 에너지에는 새로운 것들로 가득하다. 스물 무렵에 되도록 많은 걸 경험 해보라는 말은 몸의 관성이 생기기 전에 더 나은 자리에 나를 둘 수 있는 선택지를 많이 만들어두라는 뜻이었나 보다. 서른이 된 내게는 10년 치의 선택지가 더 생겼고, 내게 맞는 것을 찾아 제법 정착하고 있었다. 여기서 느끼는 안정감도 좋았다. 하지만 내 나이에서 0이라는 숫자를 다시 본 순간, 새로운 것들을 해보고 싶은 욕구가 생겨나기 시작했다. 나를 제자리에 그대로 두면 안 될 것 같은 왠지 모를 조급함도.

스물의 자유와 서른의 자유는 다르다. 서른의 자유 속에는 언제 자라났는지 알 수 없는 책임이 있다. 감당할 수 없을 만치의 불안이 내재되어 있다. 스물의 나는 내일이 없어도 상관없었지만, 서른의 나는 내일을 걱정한다. '내일 일 가야 해.' 각자의 '내' 일이 있다. 모두 내일이라는 질병에 시달린다.

정보영, 『서른이면 뭐라도 될 줄 알았지』 중에서

새로운 무언가를 받아들이는 데에는 꽤 많은 에너지가 필요하지만, 그것이 이끄는 곳이 지금보다 나은 나를 만드는 것이라는 조금의 확신이라도 든다면 행동으로 옮겨보고 싶다. 말한 건 모두 해 내면서 사는 사람이 되겠다고 종종 다짐한다. 내가 지키기로 한 것들, 하기로 한 것들은 실현해 내면서. 관성을 지키는 것보다 한 번씩은 무너뜨릴 수 있는 데에도 힘 쏟을 수 있도록 다져내겠다.

식물 킬러 여기 있습니다

무지몽매한 주인의 깨달음

네 번째 화분까지 과습으로 죽어가는 걸 지켜보고 있다. 집이 삭막한 것 같아 화분 두어 개를 집에 들여놓았는데, 나는 매번 싱싱하게 우리집에 온 그들이 누렇게 변해가는 모습을 보게 된다. 어떤 식이든 내 손에 들어와 죽어간다는 건 나의 잘못 때문이다. 역시나 나는 자기밖에 모르는 사람인 걸까. 버거울 때는 메신저를 닫아놓고 답장을 하지 않는 요즘의 나처럼, 원하는 때에만 관심을 주었던 걸까. 혼자가 자꾸만 더 편해지는 것이, 식물조차 제대로 못 기르는 일방향의 사람으로 더 변해가는 내가 된 건지 슬슬 걱정된다.

나의 식물 살해 주요 요인은 바로 과습이다. 건너편의 건물에 있는 사람들에게 창으로 내 모습이 보이는 게 싫어서 되도록 블라인드를 내려놓고 사는 우리집은 햇볕이 잘 들어오지 않는다. 사무실로 사용해야 할 곳을 집으로 개조하다 보니, 창문의 모양도 특이해서 통풍이 쉽지 않다. 이런 상황에서 식물이 잘 클 리가 없으니, 내가 선택한 식물들은 대개 그늘을 좋아하는 식물들이었다. 선물 받은 친구들도 몇 있었지만, 그들 역시 '똥손'도 잘 키우기로 유명한 아이들이었다.

그들이 내게 온 것만으로 싱그러워지는 것 같아 행복했다. 살아 숨 쉬는 게 집에 있다는 것이 신기해서 잘 자라라고 기특할 때마다 물을 주었다. 심지어 스투키나 다육이에게도. 그들이 한두 달에 물을 한 번씩 주어야 하는 식물들인지도 제대로 몰랐다. 알아보지도 않은 채로 그들을 기르려고 했으니, 벌을 받아야 마땅했다. 통통했던 이파리가 쭈글쭈글해지더니 노랗게 변하고 나서야 무언가 잘못됨을 알게 되었고, 그들에겐 물이 그리 자주 필요한 게 아님을 그때야 깨달았다. 무지한 주인을 잘못 만나 죽어간 그들에게 진심으로 미안하다.

시간이 지나면서 알게 되었어요, 식물을 키우는 일은 곧 '관심'의 문제라는 걸요. 내 집의 어떤 창에서 가장 빛이 잘 들어오는지, 내가 키우는 식물이 건조한 걸 좋아하는지 습한 걸 좋아하는지, 일년생인지 다년생인지 관심을 갖고 길게 바라봐주면 즐겁게 크는 게 바로 식물이라는 걸요.

(중략) 사람과 사람 사이에 궁합이 있듯 사람과 식물 사이에도 궁합이 존재해요. 각자 자기한테 맞는 식물이 자그마한 화분에서 자기만의 우주를 만들어가며 영차영차 새순을 내고 산소를 뿜어내는 모습을 보며 살게 된다면, '나도 언젠가 괜찮아지지 않을까? 천천히 조금씩 성장할 수 있지 않을까?' 하는 작은 위안을 얻을지도 몰라요.

임이랑, 『조금 괴로운 당신에게 식물을 추천합니다』 중에서

시간이 나면 꼭 초록이 물결치는 곳을 찾아 산책한다. 한강 근처에 살면서부터는 초록을 더욱 사랑하게 되었다. 해가 좋은 날엔 나무들이 빛을 머금고 더 반짝여서 좋았고, 해가 져도 저마다의 공기를 뿜고 있는 것 같아 고마웠다. 점심마다 찾았던 여의도 공원에 있는 '나의 연못'이 좋은 이유도 식물이 많은 곳이어서였다. 초록을 좋아하는 동안 그 빛을 집에도 담고 싶다는 욕

망만 커졌나 보다. 그래서 들이게 된 친구들이건만, 욕심만 앞선 주인은 사랑을 주고 싶을 때마다 흙의 상태도 짚어보지 않고 물을 주곤, '줬으니 자라렴'이라는 요구만 할 뿐이었다.

뒤늦게 그들의 낌새를 알아차리고 흙을 말리고 뿌리를 말려봤지만 소용없었다. 간혹 이런 식물들도 소생시키는 능력을 가진 이들이 있다던데, 나에게는 해당할 리 없다. 사실 물을 주는 것까지가 나의 최대 관심이던 것이다. 분갈이를 한다거나, 때맞춰 공기와 햇볕을 쐬게 하는 건 추가적인 노동이 들어가는 것이니 더 행동을 취하기는 귀찮았던 것이지. 그들의 상태를 체크하고 맞추어 줄 생각은 애초에 하지 않았다는 게 맞겠다. 시간 여유가 있고 마음이 허락할 때만 봐주면 된다고 생각했던 것 같다. 참으로 이기적인 마음으로 이 친구들을 기르려 했다니 어리석었다. 초록이 내뿜는 기운을 좋아한다고 하면서, 그 기운을 어떻게 살려줄지는 생각지 않고 소유만 하려 했다.

걱정하는 마음이 차올라 저질렀던 그 모든 일은, 실수였습니다. 잠시 생장을 멈췄던 식물은 갑자기 과해진 물과 해를 견디지 못해 픽픽 쓰러졌어요. 식물의 멈춤에는 이유가 있기도 하고 없기도 합니다만, 그들에게는 무조건적으로 넘치게 주는 것이 제일 위험해요. 이제는 식물이 조용히 멈추거나 시들해 졌을 때 그 속도에 맞춰 물과 햇빛도 줄여줍니다. 그들도 잠시 정적을 보내고 싶어 한다는 걸 알게 되었거든요. 멈춰도 괜찮다고 말해주는 게, 잠깐 쉴 수 있도록 도와주는 게 식물을 위한 길입니다. 휴식기를 맛있게 잘 보낸 식물은 반드시 다시 깨어나 이파리에 반질반질 윤이 나도록 예쁘게 자라줄 테니까요.

임이랑, 『조금 괴로운 당신에게 식물을 추천합니다』 중에서

문득 살짝 겁이 났다. 깨달았다고 해야 하나. 요즘 나는 사람 관계에서도 이런 모습을 지니고 있었다. 내 기분을 추스르기도 버거운 때가 잦은 날들이라 조금은 이기적으로 살아도 괜찮겠다고 합리화했다. 불편한 관계는 피하고, 할까 말까 망설이는 말은 하지 않고, 되도록 내게 익은 사람들만 만나왔다. 그러다 보니 혼자가 편해졌고, 밥조차 혼자 먹는 게 어떤 때는 훨씬 맛있게 느껴졌다. 추석에 가족들을 만났지만 3일쯤 지나니 가족들이 반갑기도 하지만, 혼자 여유롭게 보내는 일상이 그리워지기 시작했다. 가끔 애인도 내게 "너는 내 말은 잘 기억 못 하잖아"하고 흘리듯이 핀잔을 줄 때가 있

다. 미안해하면서도 잘 고쳐지지 않는 나에게 그는 "그 것도 너니까 이해하겠다"고 했지만, 좋아하는 사람에게도 이런 모습이 나오리라곤 생각 못 했다. 수신은 버겁고, 원하는 때에 발신만 하길 원하는 이기적인 내 모습. 이대로 괜찮을까.

점점 사회성이 줄어드는 것 같다는 생각은 해 왔지만, 이토록 다른 것에 신경을 안 쏟고 살았다고는 미처 느끼지 못했다. 식물을 몇 번이나 죽이고 나서야 돌아보다니 우스웠다. 꼭 잃는 게 있어야 알게 되는 법이구나 하고. 요즘에는 운동을 하기 위해 돈을 번다고 말할 만큼 운동에 빠져 있는데, 실은 그 이유도 내 몸 하나에만 집중하면 되기 때문이었다. 내 몸의 변화에만 신경 쓰다 보면 나와 주변을 잘 챙길 거라는 생각에서 시작했으나, 과해져서 다른 이들은 돌아보지 못했다. 한 번 놓은 관계를 다시 잡기에는 이젠 기력이 예전만큼 나지 않는다. 마음은 불편하지만 금방 잊어버리려 한다. 점점 더 나 편한 쪽으로 몸이 기운다.

어떻게 나의 균형을 맞추어야 식물들과 함께 살 수 있을까. 반려동물이나 식물과 잘 살아가는 사람들을 보면 부럽다. 내가 아닌 다른 것을 아끼고 보살핀다는 게 얼마나 큰 의미인지 점점 더 알게 되니까. 아무래도 아직 누군가와 함께 살아가기엔 배우고 익혀야 할 게 너무 많다고 생각한다.

  이제는 식물을 들이지 않아야겠다고 다짐했지만, 한 번 더 부딪혀 봐야겠다. 언젠가는 잘 길러서 초록을 한껏 내뿜게 해줄 주인이 될 때까지. 문제가 생긴 뒤에 고치려는 주인이 아니라 매일 인사를 나누는 주인이 되고 싶다. 이름을 불러주고, 목이 마른지 볕이 필요한지 너에게 맞추어보고 싶다. 그래서 내가 아닌 것들과도 균형을 찾고 싶다. 너의 초록을 망쳐서 미안해.

찾아질 마음은 찾아지겠지

잃어버린 마음을
그대로 둬 보기

 용서할 수 없을 것 같던 일을, 사람을 용서했다. 그것을 정말 용서라고 할 수 있을까. 더 이상 미워하지 않고, 그 역시 자기 삶을 살아가기를 바라는 마음이 생겼다면, 그것 또한 용서일 것이다. 오래도록 아프게 했던 말들도 이젠 잘 기억나지 않는다. '잊어야 할 일은 잊어'버리라는 어느 노랫말처럼, 그렇게 잊었다. 당신이 뱉은 말들을 똑똑히 기억해 주겠노라고 오기를 부리던 것도 결국은 나를 갉아먹는 일이었다는 걸 알게 된 순간부터.
 어느 날, 막연히 '너는 잘살고 있을 것 같았어'라고

보내온 연락에 씁쓸했던 건 그 사람 때문이 아니었다. 내가 이미 그를 미워하지 않게 된 뒤였기 때문이다. 예전의 나는 그가 불행하길 바라기도 했지만, 정작 그렇게 되었다 해도 아무 기쁨도 느껴지지 않았다. 이제는 그도 잘 지냈으면 좋겠다고 생각하게 된 나를 마주하며, 한때의 감정들이 허무하게 느껴졌다. 나는 무엇을 그렇게 미워하려 했던 걸까.

요즘은 미뤄두었던 만남을 하나씩 채워나가고 있다. 내게 남아 있는 사람들, 서로의 안녕을 진심으로 바라는 사람들과의 시간을 소중히 여기며 살아간다. 그렇게 살다 보면 가끔 더 이상 가까이할 수 없는 사람들도 떠오른다. 예전의 나는, 가까웠던 사람이 멀어지는 것을 견디지 못했다. 마음이 식는다는 것이, 둘 중 하나라도 누군가를 미워하게 된다는 것이 힘들었다. 그래서 사라져버린 마음을 억지로라도 찾아내야만 했고, 때로는 울고 다투며 서로의 바닥을 드러내기도 했다. 그러나 이제는 생각이 달라졌다. 내 마음이 다치지 않는 것이 더 중요하니까. '그렇게 될 일은 그렇게 되니까'라고 생각하기로 했다. 좋아하는 배우가 연기한 연극 속의 한 대사처럼. 사라진 것은 사라진 대로 두고, 돌아올 마음이라면 언젠가 다시 돌아오겠지.

올해도 몇 사람과 멀어졌다. 그 관계들을 애써 붙잡기보다, 잃어버린 그대로 두었다. 어쩌면 내 마음에 여유가 없었던 탓일지도 모르고, 상대에게 잣대를 들이댔던 건지도 모른다. 혹여 연락하기 어려운 사이가 된 이유가 내 탓이라고 해도, 나는 지금 그들을 다시 찾아 나설 자신이 없다. 그냥, 이미 잃어버린 걸 그대로 두어야 할 때도 있다는 걸 배우는 중이다.

누군가는 그것을 무책임하다고 할지 모르지만, 나는 오히려 그렇게 두었을 때 더 유유하게 흘러가는 인연이 있다는 것을 알게 되었다. 지나고 보니, 가장 아프게 남은 건 내가 전부를 쏟아부은 관계들이었다. 최선을 다해 미워했던 사람에게조차, 그가 나약한 모습으로 다시 나타났을 때 나는 아무런 감정도 느끼지 않았다. 고소한 마음이라도 들 줄 알았는데, 그렇지도 않았다. 그저 마음이 쓸쓸할 뿐이었다.

미워하는 마음도 정이 든다. 아마 나는 그 사람을 미워하다가 정이 들어서, 결국은 용서하게 된 걸지도 모른다. 한때 '다정도 병인 양하여' 잠 못 들던 밤도 있었지만, 이제는 그 감정마저 사라졌다. 그래서 당신이 잘 지냈으면 좋겠다. 그리고 하나 더. 그 시절 나에게서 당신에게만 향했던 손가락질을, 이제는 나에게도 돌릴 수 있게 되었다는 걸 말하고 싶다.

  우리 사이의 잃어버린 마음들을 굳이 찾지 않아도 괜찮다고 생각하게 됐다. 마음이란 게 참 묘해서, 붙잡으려 할 때는 도망치고, 잊고 있으면 다시 돌아오기도 하니까. 나는 지금 내 곁에 있는 사람들을 더 소중히 여기며 살 것이다. 그러다 보면, 잃어버린 관계도 언젠가 내 삶의 어디쯤에서 다시 마주치지 않을까. 그때 우리가 서로를 알아볼 수 있다면, 그걸로 충분하지 않을까.

멀리 봐 보기로 해

이게 다
무슨 소용인가 싶을 때

요즘 자주 떠오르는 말이 있다. "이게 다 무슨 소용이람."

무언가를 시작하려 하다가도, 괜히 시큰둥해진다. 오래된 친구에게 연락을 해볼까 하다가도 이내 힘이 빠져서 '조금만 더 있다가 하자'고 미룬다. 나만 그런 것은 아닌지, 연락을 주고받다가도 누군가가 답장을 까먹거나, 곧 만나자는 기약 없는 이야기로 마무리된다. 누구의 잘못도 아닌데, 마치 둘 다 지친 사람 같다.

한때는 미래를 계획하고, 배우고, 준비하고 싶었다. 서른 즈음이 되면 다르게 살고 있을 거라 믿었다. 그러나 지금의 나는 거창한 계획보다 오늘 하루를 무사히 넘기는 데 더 마음을 쓴다. '공부를 시작해볼까?' 하고 검색창을 열다가도 이내 닫는다. 결혼은? 내 집 마련은? 그런 미래를 생각하기엔 지금도 벅차다. 막연한 두려움과 피로가 생각의 문을 닫아버린다. 미래는 생각만 해도 숨이 막혀서, 미루는 게 아니라 외면하고 있는 건 아닐까.

하루는 그럭저럭 잘 간다. 출근하고, 운동하고, 밥을 해 먹고, 주말엔 산책도 하고. 현재의 나를 제대로 쳐다보기보다 합리화하고 싶어진다. 지금도 '그나마 몸이라도 챙기고 있는 게 어디야' 하고 나를 토닥인다. 그러나 그 속엔 알 수 없는 무력감이 있다. 반복되는 일상과 피로에 젖어있으면서도, 그 안에서 벗어나고 싶은 욕망은 아직 꺼지지 않았다. 조용히, 그러나 확실히 살아 있다.

그 근처에서 자주 뭔가를 잃어버렸다. 좋은 것이 생기면 나중에 잘 쓰려고 거기 어딘가에 넣어두곤 했는데 둔 곳을 종종 잊었다. 내가 너무 잘 두는 바람에, 그럴 때마다 그렇게 말했고 그 좋은 것을 끝내 찾아내지 못해도 크게 상심하거나 신경 쓰지 않았다. 사라진 것도 잃어버린 것도 아니고 잊은 것일 뿐, 거기 다 있을 테니까.

> (중략) 무엇이 사라졌는지 모르고 지냈다. 잃은 것을 잊은 것으로 해두었다. 그러면 그건 거기 있었다.
>
> 황정은, 『연년세세』 중에서

어떤 날은 내가 많이 잃어버린 것처럼 느껴졌다. 내 안의 기대, 사랑, 설렘 같은 것들. 그러나 조금 더 차분히 들여다보면, 그것들은 여전히 내 어딘가에 있다. 지금은 그저 꺼내지 않고 있는 것뿐이다. 그럴 때는 사진첩을 뒤적이고, 기억을 되짚는다. 좋아하는 노래를 들으며 자전거를 타던 날의 바람을 떠올리고, 저녁 무렵 골목 어귀에서 본 아름다운 풍경을 다시 기억해낸다. 그 순간들은 내게 살아있다는 증거다. 지금은 잠시 쉬어가는 중이라며 나를 토닥인다. 그럼 나는 무엇인가 잃어버린 게 아니라 그냥 잊고 있던 게 된다. 내 손에, 기억에, 마음에 있던 것들이다.

최근에는 올림픽 경기를 보면서 선수들의 시간을 상상해본다. 긴 훈련의 시간을, 반복되는 날들을, '이게 다 무슨 소용이야' 싶은 순간들을. 당장 결과가 나오는 일을 하는 게 아니니 얼마나 답답했을지, 조급해지는 마음을 부여잡으며 인내했을 것을 생각하면 대단하다는 생각뿐이다. 특히 비인기 종목에서 활약하고 있는 선수들을 보면 지금 내가 고민하는 것들을 모두 체득했으리라 생각한다. 매일 멀리 내다보는 연습을 해 왔으리라고. 그 속에서 외롭더라도 중심을 잃지 말자고, 도달하고 싶은 데에 가려면 지금 원하는 걸 다 할 순 없다는 걸 누구보다 잘 알고 있을 그들은 지금 가장 빛난다.

멀리 봐 보기로 한다. 모든 시간이 의미 있을 필요는 없다. 오늘은 아무 소용이 없어도, 내일은 그것이 의미가 생길 수도 있다. 지금 당장은 허무하고 무기력하게 느껴져도, 이 시간이 쌓이면 언젠가 무엇이 될지도 모른다. 그건 지금의 내가 감히 판단할 수 없는 일이다.

다 품고 갈 수 없다는 걸 이제 안다. 상상한 것들이 전부 이뤄지지 않으리란 것도. 그것을 인정하는 일이 어쩌면 진짜 어른이 되는 길인지도 모른다. 다만 떠밀려 살고 싶지 않다. 그저 어딘가에 지금을 잘 두고 싶다. 언젠가 미래의 내가 다시 꺼내 볼 수 있도록.

나는 거기 있었고, 앞으로도 있을 것이다. 잃어버린 것이 아니라 잠시 잊은 것뿐이다.

나의 파도를 잘 건널 수 있나요?

사는 게 다 똑같지

출퇴근 시간마다 꽉 끼는 지하철에서 사람들과 부딪히며 드는 생각이 있다. '저 사람도 나만큼은 힘들겠지.' 짜증스럽기 그지없는 시간이지만, 그렇게라도 생각해야 불쾌한 이 시간을 버틸 수 있다. 지금 내 어깨를 밀치고 간 저 사람도 급한 일이 있어서 그랬을 거라고, 그의 오늘 하루가 무척 고되어서 딴생각을 할 겨를이 없었을 뿐일 거라고. 그렇게 나를 달랜다.

서울살이는 조금은 힘들어서 집으로 가는 지하철 앞에 앉은 사람 쳐다보다가도 저 사람의 오늘의 땀 내 것보다도 짠맛일지

몰라

광화문 계단 위에 앉아서 지나가는 사람들 바라보면 사람들 수만큼의 우주가 떠다니고 있네

오지은, 「서울살이는」 중에서

    이어폰에서 나오는 음악이 무엇인지도 모르고 다니던 때가 있었다. 어쩌다 읽고 싶어 새로 산 책도 단 한 장도 넘기지 못했고, 사진첩에 남는 사진도 없었다. 누군가와 마주하는 일조차 벅찼다. 읽지 않은 메시지는 쌓여갔고, 부재중 전화에 회신하지 못했다. 연락하는 일이 짐처럼 느껴졌다. 내 사정을 굳이 설명하고 싶지 않았고, 설명할 힘도 없었다.

    그런 시간이 길어지자 나는 내가 아닌 것 같은 기분이 들었다. 운동으로 감정을 털어내던 나는 산책도 버거워했고, 주변 사람들과의 거리도 점점 멀어졌다. 마음을 털어놓기보다 그냥 멀어지기로, 굳이 설명하지 않기로 했다. 어쩌면 나를 떠나간 게 아니라, 내가 조금씩 걸어 나왔는지도 모르겠다.

    그런 나를 오해하는 사람들이 많아졌다. 설명해야 할 때도 있었지만 굳이 설명하지 않았다. 그 오해도 곧 지나갈 거란 걸 알고 있다. 이 또한 다 지나가겠지, 언젠

가 만나 설명하면 되겠지. 그때 이해하지 못하는 사람들이라면 우리는 그쯤 하면 끝나겠지. 조금의 미움을 사는 건 적당히 편하기도 하다는 걸 알아버렸다. 선을 그을 수 있는 사이가 되는 게 나쁘지 않다는 것도.

그 시간 동안 나는 '왜 나만 이럴까' 자주 생각했다. 남들과 나를 비교했고, 내게만 인생의 고된 파도가 몰아치는 것 같았다. 그러나 조금씩 사람들을 다시 만나면서 알게 되었다. 모두에게 그런 시기가 있었고, 누구나 자기를 삼킬 듯한 파도와 맞서 싸운 적이 있다는 것을. 나만의 고통이라 여겼던 것들이 실은 모두의 몫이었다는 것을. 또 그런 나를 이해한다고 말 걸어주는 이들도 생겨났다. 오해도 곧 풀릴 거라고 위로의 말도 덧붙이면서. 그냥 너 자체로 잘살고 있으면 된다고.

요즘은 '사람 사는 게 다 똑같지'라는 말을 자주 떠올린다. 어쩌면 스스로에게 거는 주문일지도 모르겠다. 괜찮아 보이는 사람들도 저마다의 사정을 숨기고 살아가고 있다는 걸 상기시키기 위해. 내가 겪고 있는 이 파도를 누군가는 이미 건넜고, 또 누군가는 지금 건너고 있을 것이다. 그리고 어떤 이는 아직 파도가 덮쳐올 거라는 사실을 모른 채 살고 있을지도. 결국 인생의 고단함은 돌아가며 찾아온다. 우리는 그렇게 각자의 파도에 맞춰 살아간다.

이제는 안다. 나만의 파도가 아니었다는 것을. 이 모든 고단함 속에서도 우리는 각자의 방식으로 잘 건너가고 있다는 것을. 그런 모두가 대단하다고 느껴진다. 이 모든 것들을 다 건너왔단 말이야? 그러면서도 티를 내지 않고? 하면서. 자기의 파도를 건너는 중인 우리에게, 나에게 감당할 수 있는 파도만 자신에게 주어지고 있을 거라고 주문을 걸어본다. 이 파도가 지나가고 나면, 잔잔한 내가 되었다가, 다시 또 더 큰 파도가 와도 견딜 수 있는 힘이 내게 주어질 거라고. 무너지지 않고 걸어가고 있다면, 그걸로 충분하다.

4장

이제, 함께

내가 나로 산다는 건

내게 인색해지지 않기

어릴 때부터 엄마 곁에서 드라마 보는 걸 좋아했다. 드라마 속 주인공들처럼 내 인생에도 극적인 사건들이 끊임없이 일어날 거라고, 매번 갈림길 앞에서도 누군가가 손을 내밀어줄 거라고 믿었다. 어쩌면 그렇게 믿고 싶었는지도 모른다. 인생은 그렇게 드라마틱하게 흘러가지 않는다는 걸 깨닫기 전까지는.

살다 보면 내가 선택하지 않은 일들도, 받아들이고 싶지 않은 일들도 생긴다. 예고 없이 들이닥친 현실 앞에서 때때로 나를 포장하곤 했다. 실은 겁이 나서, 그런 내가 들키지를 않길 바라며, 남들 앞에서 아무렇지 않은 척 굴었다. 나조차 진짜 내 마음을 알 수 없도록 감추다가, 어떤 때는 내가 아닌 나를 연기하며 살기도 했다. 그렇게 치장한 마음은 종종 서글펐다. 하지만 그 모든 시간들이 결국은 나를 나로 살게 하기 위한 과정이었단 걸 이제 안다. 이제는 내가 1인분의 삶을 잘 살아내고 있으니까. 그때의 시행착오를 겪은 내가 있기에 지금의 내가 있는 것이니까.

나는 어떤 사람인가 하는 물음을 자주 생각한다. 평생 그 답을 찾는 게 인생인 걸까. 나는 순간순간의 내가 어떤 결정을 내리며, 그 결정을 어떻게 책임져가는지 궁금하다. 어쩌면 내 삶을 이야기를 쓰는 것처럼 살아가는지도 모르겠다. 지나온 시간을 자주 들여다보는 내 습성 역시 이야기를 꺼내어 읽는 과정일지도. 앞으로 일어날 일이 기대되지 않아서가 아니라, 이전의 이야기들이 쌓여 나를 만든다는 걸 알기에 가끔 꺼내어 본다.

과거의 내가 했던 어떤 선택이 지금의 나를 만들었고, 그 시절 함께 했던 사람들과는 어떤 이야기들을 나누었는지 돌이켜 보면 나는 누구인지 답하기가 수월해진다. 그리고 그렇게 알게 된 나의 모습도 또 다른 모습으로 바뀔 수도 있다는 걸 안다.

이제는 나를 치장하지 않으려 애써 본다. 약해지는

때가 있으면 다시 강해지는 때가 올 거란 걸 안다. 나는 그만큼의 회복력은 있는 사람이니까. 나에게 박하게 굴면 굴수록 움츠러드는 것도 나다. 엄마가 늘 하는 말처럼 '되는대로' 산다는 건, 매일의 내가 행하는 모든 것들을 내가 흔들리지 않고 받아들일 준비가 돼 있다는 말이다. 내 선택을 믿으면 된다.

아침에 일어나서 내가 눈치를 봐야 할 사람은 나다. 내 인생이 내 마음에 들지 않을 때 우리는 흔들린다. 나는 무얼 원하지? 어디에 있고 싶지? 내가 정말 바라는 것을 위해 노력해야 한다. 내 노력을 내가 결정하기. 당신이 아니라 날 위해 노력하기. 싸울 가치가 있을 땐 싸우기. 끊임없이 나로부터 떠나 다시 나로 돌아오기.

박연준, 『고요한 포옹』 중에서

다행히도 나는 부모로부터 나를 사랑하는 방법을 아주 잘 물려받았다. 이래도 좋고, 저래도 좋다고 있는 그대로의 나를 바라봐주신 덕분에 혹여 잘못된 길을 내가 택한다 하더라도 그만큼의 책임을 질 줄도 알고, 잘 헤쳐 나가리라는 믿음도 갖고 있다. 그리고 시간을 내어 나를 위한 시간을 마련해야 한다는 것까지도. 부모님은 늘 일상의 작은 여유들을 내게 가르쳐주셨다. 아침에 손수 내린 커피 한 잔을, 좋아하는 음악을 늘 곁에 두는 것을, 찰나의 산책이라도 나를 위해 쓸 마음을, 케이크 한 조각의 달콤함을 자주 깨달을 수 있게 해주셨다. 덕분에 이제는 힘든 일이 닥쳐와도, 예상치 못한 일이 생겨나도 그 속에서 나만의 기쁨을 누릴 수 있게 됐다. 그 기쁨은 나를 일으켜 세우고, 더 단단한 나를 만들어준다. 나에게 인색해지지 않게 될 때가 오면, 세상도 나에게 조금씩 곁을 내어준다.

그렇게 나는 내 인생을 내가 다듬고 있다는 믿음을 갖게 되었다. 세상이 나를 택하는 것이 아니라, 내 방향은 내가 잡아가는 것이라고 믿는다. 앞으로도 내 삶은 드라마처럼 특별하게 흘러가지 않을 것이다. 하지만 그 안에서 누리는 작고 소중한 기쁨들은 나를 흔들리지 않게 해줄 것이다.

이제 내가 삶의 주체가 되어야만 누군가와 살아가는 삶이 가능하다는 것도 안다. 내가 나를 바로 세우지 못하면 사는 기쁨을, 함께 한다는 행복을, 이 모든 것을 가능케 하는 사랑을 누릴 수 없다. 함께하는 삶이란 서로를 구원하거나 희생하는 것이 아니라, 각자의 삶이

충만해서 서로에게 조금 더 내어줄 수 있을 때 시작된다는 걸,

  앞으로 내가 살아가는 동안 원하는 건 마르지 않는 사랑을 함께 나누면서 사는 것. 그러니 계속 해야 한다. 있는 그대로의 내가 잘 살아갈 수 있게 나를 다독여 주는 것을.

사랑하는 사람과 함께 걸어가려면

나의 배우자 기도

 어릴 때부터 줄곧 '내가 존경할 수 있는 사람'을 사랑하고 싶었다. 좋은 배우자를 만나겠다는 기도를 자주 한 건 아니었지만, 내게 조건을 딱 하나만 꼽아보라면 '존경'이 가장 큰 조건이었다. 누군가와 평생을 같이 산다는 상상을 했을 때, 그 마음 없이 곁을 지키는 일은 어렵다고 생각했던지도 모르겠다.

 내가 말하는 존경이란 그의 모든 말과 행동을 절대적으로 따르겠다는 것이 아니다. 오히려 그가 어떤 일을 하든 믿을 수 있고, 나 역시 그에게 그런 신뢰를 줄 수 있는 관계. 기분의 고저가 심한 내가 그와 함께라면 조금은 더 단단해질 수 있을 거라 여겼고, 서로가 서로의 흔들림을 다독이며 걸어갈 수 있다면 그것이 우리가 함께 사는 의미라고 생각했다.

하지만 지나고 보니, 내가 그토록 바랐던 평온함을 타인에게서 찾으려 했던 것 같기도 하다. 그 사람의 모서리진 마음을 탓하면서, 정작 나는 마음의 여유를 그에게 내주지 못했다. 존경할 수 있는 사람을 만나고 싶다는 바람은 결국 함께 성장할 수 있는 사람을 바란 것이었다. 내가 어떤 사람인지 무던히도 궁금해하는 나에게는 같이 나아가고 있다는 느낌을 받을 수 있는 사람이 아니라면 그와의 걸음을 맞출 수 없을 테니까.

그 무렵부터였다. 내가 나로 바로 서야만 진짜 사랑도 가능하다는 걸 자각한 건. 내 삶을 내가 책임질 수 있을 때 나 역시 올바른 사랑을 받아들일 수 있다는 것. 삶을 함께한다는 건 누군가를 구원하거나 자신을 내어주는 일이 아니라, 각자의 삶이 충분히 충만한 사람들이 서로를 조금 더 다정하게 바라보는 일이라는 것도.

혼자 하는 말들은 대부분 불안과 얽혀 있다. 혹은 그 불안을 걷어내기 위한 안간힘들로 이루어진다. 그러니까 안정감 있는 생활을 위해서는 내가 나에게 잠식되지 않도록 주의를 환기시켜

줄 '장치'가 필요하다. 함께 사는 사람은 우리가 활용할 수 있는 좋은 장치다. 심각하게 이런저런 고민을 하다가도 남편이 건네는 실없는 농담에 피식 웃고 마음의 결이 달라진 적이 여러 번이다. 혼자서는 옴짝달싹할 수 없던 수렁을, 타인이 살짝 개입하는 것만으로 순식간에 빠져나올 수 있다.

정지민, 『우리는 서로를 구할 수 있을까』 중에서

    시간이 갈수록 결혼이라는 단어 앞에 붙는 조건들은 많아졌다. 외모, 직업, 경제력, 가정환경 같은 것들을 세상은 중요하게 여겼다. 내게 그 조건이 중요하지 않았던 건 아니었다. 어른들이 배우자로 어떤 사람이 좋다고 말하는 게 왜 그런지는 나도 잘 알고 있었으니까. 그런 조건들이 갖춰진 사람이라면, 누구나 꿈꾸는 평범한 가정을 꾸려나가는 데에 큰 무리가 없을 것이다. 그러나 내가 원하는 배우자는 그런 조건들로 속단하기 어려운, 내면이 탄탄한 사람이었다. 자신의 자리를 알고, 어디에 있어야 하는지에 대해 오랫동안 성찰해 온 사람. 그런 이와 함께라면 인생에 어떤 난관들이 닥쳐와도 같이 해결할 수 있겠다는 믿음이 있었다.

    어느 순간 알게 되었다. 그런 사람을 만나기 위해서는 내가 내 삶을 얼마나 알고 있는지도 중요하다는 것을. 내가 나에 대해 진심으로 이해하고, 나를 돌볼 줄 알아야 그를 알아보는 눈이 생긴다는 것도. 그건 간단한 일이었다. 내가 나로 바로 선 삶을 살고 있다면, 나와 결이 맞는 사람은 내가 알아서 알아볼 거라는 것. 찾으려 애쓰지 않아도 자석처럼 그런 사람끼리 만나게 된다는 것. 언제 그런 사람이 오나 찾으며 애쓸 시간을 나를 알아가는 데에 쓰는 것이 더 맞다는 것까지도. 그 간단한 진리를 깨달았을 때는 나의 삶이 무척이나 만족스럽다고 생각했던 때였다.

그러니 지금도 나는 그렇게 살고자 한다. 내 보폭으로 잘 걸어가며, 내 삶의 중심을 내가 붙든 채. 그렇게 나를 다듬으며 살아가다 보면, 언젠가 누군가와 나란히 걷고 있을 것이다. 각자의 속도로, 그러나 같은 방향을 향해, 서로를 존경하고 사랑하면서.

나를 쓰고 싶게 만드는 사람

파도를 잠재워준 이에게

 오랫동안 쓰는 사람이라는 나의 자아를 애써 누르고 살았다. 일이 바빠서, 내겐 본업이 있으니까 하는 핑계로 언젠간 쓰는 사람으로 돌아가겠지, 하고서 간간이 써 온 시 몇 편과 글들만 써 왔다. '신춘문예 당선 뭐 별거 아니네' 하는 말들이 주변에서 들려도 참고 넘겨야 했다. 쓰는 자아는 나를 먹여 살리지는 못했으므로.

 생계를 위해 시작했던 일은 어느새 나를 잡아먹고 있었다. 일에 치여서, 사람에 치여서 살아온 시간은 별다른 이야기를 만들어내지 못했고, 쓰는 자아는 더 빛을 잃어갔다. 나는 과연 쓰는 걸 좋아하는 사람이 맞았던

가? 하고 되묻던 때, 아빠가 집으로 보내준 짐들을 풀다 학창 시절의 생활기록부를 발견했다. 중학교 때부터 나의 꿈은 기자 혹은 작가. 무엇이 됐든 쓰는 사람이 되겠다는 꿈은 확실했다. 각종 글쓰기 대회 상들이 빼곡하게 적힌 수상 내역을 보면서, 또 한결같이 국어국문학과를 지망하던 그때의 나를 보면서 확신했다. 나는 쓰는 사람, 쓰고 싶어 하는 사람이라고. 내 이야기가 누군가에게 읽히길 바라는 사람이라고.

그를 처음 만났을 때, 이상하리만치 나는 내 이야기를 술술 꺼냈다. 처음 본 사이에 할 수 있는 이야기가 맞나 싶은 것들까지 그에게 말했다. 오죽하면 그와 말하는 게 재미있어서 "막차 말고 택시 타고 가요"라고 내가 직접 말했을까. 쓰는 사람이 되고 싶어 책 곁을 맴돌며 일하고 있다는 내 이야기를 그는 진심으로 들어주었다. 그저 자신과 다른 분야에 있는 내가 신기해서 그런 것만은 아닌 것 같았다. 그의 귀는 남달랐다. 듣고 있다가 한 번씩 얹어주는 말이 내게 묘한 안정감을 주었다. 가령 나의 갈팡질팡했던 대학 시절의 이야기를 듣고서는 "그 시간이 있었으니 지금이 있죠" 같은 평범한 말인데도 그렇게 마음이 평온해졌다. 어쩌면 그때 내게 가장 필요했던 건 내 이야기에 귀 기울여주는 사람이어서였을까.

이야기를 하고 싶은 사람에게 들어줄 귀가 있다는 건 설레는 일이다. 그를 만난 뒤부터 불안을 말하던 나의 글이 점점 사랑과 평온을 써 내려가고 있었다. 잠시 파도가 와도 잠잠해질 수 있는 힘을 지니게 되었다. 그는 늘 내게 귀 기울여주었다. 내가 어떤 말을 하는지, 무엇을 좋아하는지, 무엇이 나를 무너지게 하는지. 나는 그에게 말하며 쓰고 싶은 이야기들을 쌓아갔다. 그와 함께 있으면 쓰고 싶다는 용기가 생겼다.

그에게 종종 내가 쓴 글을 보여주었다. 어릴 때부터 책을 즐겨 읽었다는 그는 글을 읽는 속도도 빨랐다. 그가 읽어준다는 것만으로도 쓸 힘이 생겼다. 그로 인해 쓰인 글이, 그와 함께한 시간에서 굴러 나온 글이 점점 많아졌다. 마음을 채워주는 사랑이 끌어 올린 영감이 이토록 나를 더 쓰고 싶게 만들지 이전에는 알지 못했다. 그는 나를 나대로 읽어주는 사람이었고, 내가 나답게 살아가는 것을 소중히 여겨 주었다. 나를 나보다 귀하게 여겨 주는 마음을 느끼고 나니 나는 더 살아나기 시작했다.

그는 나에게 사랑한다는 말을 먼저 하지 않았다. 그럼에도 그가 나를 사랑한다는 것을 매 순간 느낄 수 있었다. 내가 하고 싶은 것이라면 다 해주려고 했다. 오래전 한 말까지도 기억하고 있다가, 내가 그 말을 했던 사실도 깜빡할 즈음에 가고 싶다고 한 곳에 나를 데려가거나 내게 필요한 것을 주었다. 그런 세심한 귀를 가진 그여서 사랑을 말로 표현하지 않아도 외롭지 않았다. 오히려 마음은 더 차올랐다. 왜 사랑을 말로 하지 않냐는 나에게, 그는 또 말없이 웃으며 내 볼을 쓰다듬기만 했다. 말의 무게가 더 무겁게 느껴지는 사람도 있는 거라면서.

나도 그가 나를 귀여워하듯 그를 귀여워하고 싶었다. 그처럼 다정하게 그와 내가 사는 세상을 귀여워하고 싶었다. 객관적으로 볼 때는 귀여운 구석이 하나도 없는 것이더라도 귀여워할 수 있는 시선을 가지고 싶었다. 정말로 귀여워 견딜 수 없어서, '귀여워, 귀여워!' 외치고 싶었다. 나를 귀여워하는 사람에게 그가 본 대로의 귀여운 이가 되어주고도 싶었다.

김복희, 『노래하는 복희』 중에서

어쩌면 그가 나를 구한 것일지도 모른다. 나도 그를

구할 수 있는 사람이 되고 싶어졌다. 꼿꼿하게 서 있는 그도 언젠가 무너지는 순간이 왔을 때, 그를 일으켜 함께 걸어갈 수 있는 사람. 나를 쓰고 싶게 만드는 사람을 넘어서, 그는 나를 더 깊은 사람이 되고 싶게 만들었다. 잔잔한 물결 속에 누군가를 숨겨줄 수 있는, 내게 닥쳐오는 파도쯤은 무난하게 넘길 수 있는 고요한 힘을 지닌 사람이 되고 싶다고 꿈꾸게 했다.

쓰는 사람으로서의 다짐을 사랑에서 배운다. 더 주고 싶은 마음을 만드는 것은 내 이야기를 진심으로 들어주는 귀가 있다는 믿음이다. 고요하게 품어주는 사람이 곁에 있다는 것만으로 세상의 말보다 내가 하고 싶은 말에 더 귀를 기울일 수 있다. 나를 기쁘게 하는 것이 나 자신이 되는 벅찬 마음을, 당신을 통해 깨닫는다.

시가 거기 있으므로

단어가 시어가 되는 일

 서랍에 다크 초콜릿을 넣어두면 든든해진다. 은박지에 싸인 초콜릿을 또각 부수어서 입에 넣은 뒤, 입안을 굴려 가며 먹는 그 순간을 누릴 수 있으니까. 처음엔 쌉싸름하다 이내 달콤함이 입안에 머물고, 엉겨 있던 생각들을 풀어내주는 순간을 말이다. 살짝 아쉬운 듯해도 다음을 위해 아껴 두어야 한다. 언젠가 또 생각나면 너를 찾게 될 미래의 나를 위해. 믿는 초콜릿 하나쯤 있는 것이 책상 앞의 시간을 견디게 해주는 이유다.
 시도 내게 이토록 잠시 달콤 쌉싸름하게 머물다 가지만, 자꾸만 찾게 되는 건 쓰고 읽겠다는 마음이 만드는 나의 보송한 얼굴을 보고 싶어서다. 현실의 내가 일에 치여 물기를 가득 머금고 있을 때, 시가 나를 향해 손짓한다. 나는 그 손을 한 번은 뿌리쳐본다. 세상엔 나를 즐겁게 해 줄 것들이 많다고. 하지만 그것들을 모두 거치고 온 나는 그 즐거운 것들이 이끄는 곳에서의 내가 즐겁지 않았다는 것을 인정하고 만다. 그것들은 나를 더 지치게 만들 뿐이다. 의미를 찾지 못하고 휘적대기만 할 거란 걸.

"여기 나는 그대로 있으니 힘들 때는 나를 찾아오라고. 한 단어라도 네게 가 닿을 수 있다면 코를 박고 냄새만 맡고 가도 된다고. 그저 시가 있다는 자체만으로, 돌아갈 곳이 있다는 마음으로 다시 보송해진 네가 되어 살아. 그러다 네 마음이 이끄는 말을 뱉어내. 그 말이 너를 계속 태어나게 만들 거야."

늘 시만 생각하는 사람은 아니어도 조금씩, 아주 느리게나마 시를 탐독하고 말을 이어 붙여 오는 것은 항상 그 자리에 시가 있다는 것을 믿고 있어서다. 시는 나를 외면하지 않을 거라는 믿음. 멀리 있더라도 가 닿으려고 내가 노력하면 가까이 다가갈 수 있다는 걸 여태

믿어온 시는 내게 보여주었다. 그리 먼 곳에 있지 않으니 오려고 노력만 해봐도 그 거리는 좁혀질 수 있다고. 돌아올 힘을 만들기 위해 현실의 나를 버텨낸다.

어떤 순간은 영원히 기억하고 싶어서 시로 남기곤 한다. 아름다운 순간들은 음미하고 탐닉하며 무슨 표현으로 남겨야 할지 단어들을 품어보며 시를 쓴다. 품었을 때 내게 자신의 빛을 내어준 단어들이 속삭이며 이야기를 시작할 때 그것이 표현되고, 시가 만들어진다. 그 시를 후에 볼 때면 단어들을 품었던 보송한 얼굴의 내가 떠올라서 시가 말하는 순간과, 시를 써낸 순간 모두를 기억하게 된다. 천천히 오랫동안 남을 또 다른 기억이 생겨나는 시를 나는 사랑하지 않을 수 없다. 시는 나를 또 태어나게 만든다.

바람을 잡아서 당신 몸에 칠해줘요

내 손이 닿아서
더 펴질 수 있다면

파도를 일으켜서라도

바람을 데려올게요

입김을 먹고 자란 눈동자가 타올라요
이나영, 「오늘은 가장 긴 산책을 하자」,
『나의 파수꾼에게』 중에서

손을 잡고 산책하며 나눈 이야기가 별 이야기가 아니었더라도 그 잔상이 오래도록 남는 찬란한 시간이라면, 그 순간은 시가 된다. 그 순간의 행복이 만들어낸 것이다. 특별한 것 없지만 바람이나 입김으로도 서로를 챙기려는 마음을. 고통스러운 순간을 쓸 때는 단어들을 부여잡아 내 이야기들을 늘어놓는다. 내 이야기를 듣고도 곁에 남는 단어들의 손을 잡고 나의 시에 머물러 달라고 간청한다. 언젠가 다시 와서 너를 찾게 되더라도 나의 눈물을 닦아줄 수 있겠느냐고. 그렇게 머문 단어들은 시어가 되고, 내게 곁을 내어준다. 어둡고 적막할 때마다 여기 그 감정들을 터놓고 가라고. 슬픔이 나를 방문할 때마다 조금씩 묵혀두었다 써낸 시들은 그래서 애틋하다. 나의 눈물과 실패들을 열어 보여준 시어들이 자리하고 있으므로.

날 훔쳐 달아났다 투명망토 속에 남아 안부도 오지랖도 잠시만 멈춰주길

충분히 머물면 갈게 곰팡이가 피기 전에

이나영, 「노 토킹 존」, 『나의 파수꾼에게』 중에서

    나를 둘러싼 문제들을 헤치는 것만으로도 벅찬데, 자꾸만 나를 찾는 목소리들에 지쳤을 때는 그런 나를 표현해 줄 솔직하고 강한 단어들이 내게 머물렀다. 나도 알고 있는 좌절의 시기지만 홀로 수습할 수 있는 시간을 달라고 말하고 싶었던 어느 때처럼. 단어가 시어가 되는 일은, 그러므로 말들에게 고백하는 일이다. 나를 열어 보여줘야 단어를 품을 수 있고, 단어가 내게 머문다. 아직 내게 머물렀으면 하는 단어들이 한참이나 남아서, 말들을 붙잡고 내 얘기를 늘어놓는 시간이 더 필요하다. 고백도 자꾸 하면 늘지 않을까. 감정을 호소하기에 바빴던 서툰 이야기가 단어들이 스스로 빨려 들어오는 매력적인 고백을 늘어놓기까지 말들을 붙잡아야 한다. 더 많이 품어내고 간청해야 시어들이 내게 곁을 내줄 테다.

[나를 채우면 들려오는 시어들](#)

나의 시야가 오로지 나에게만 향해 있던 시간에는 감사한 순간들이 시가 되는 감정을 제대로 느낄 수 없었다. 내 좁은 세계에서는 내가 가장 힘든 사람이자, 가장 애처로우며, 사랑받아야 하는 사람이었으니까. 내게 채워져야 할 사랑이 온전히 채워지지 않았기에 자신을 그토록 애처롭게 생각했다는 걸 깨닫게 된 건 나를 잔잔히 오래 지켜봐 주는 사람 덕분이 아니었을까. 내가 쓴 것들을 스스럼없이 보여줄 수 있는, 진심으로 읽어주는 당신이 있기에 나는 온전해졌다. 시를 읽고 쓸 때마다 보송한 얼굴을 하는 내가 가장 나답다고 응원해 주는 당신 덕분에 시를 놓지 않고 살 수 있었다. 그렇게 내면이 조금씩 차오른 나는 점차 감사한 것들, 사랑하는 것들에 대해 쓰고 싶어졌다. 어차피 사는 건 모두 각자의 무게가 있다는 것을 살필 여유에 대해서도.

출근길에 나처럼 힘든 몸을 이끌고 지하철에 오르는 다른 이의 표정들, 회사 점심시간에 잠시지만 초록을 느끼러 다녀오는 산책에서 들은 새 소리, 내 손으로 저녁을 차려 먹는 나의 다정한 두 손. 내가 가진 소소한 것들이 내는 소리에 귀를 기울이기 시작했다. 시는 나만의 고백이 아니었다. 부풀릴 것 없이 사사롭고도 소중한 일상이 속삭이는 것들을 부여잡으면 그것이 시적인 순간이 되는 것. 더 욕심부릴 것 없이 그 순간이 내게 뿜는 에너지들을 '쓰고 싶다'는 생각을 할 수 있는 것만으로 충만한 사람이 되는 것에 감사한다.

치장하지 않는 시를 위하여

꾸밈이 없는 사람이 되기를 지향하는 편이다. 그건 오랜 습성이다. 있는 그대로의 나를 보여주지 못하는 건 나를 기만하는 일 같았다. 사진도 과한 보정이 들어가는 것을 기피하고, 보이기 위한 소품들을 사는 건 질색이다. 편안한 상태를 좇다 보니 내가 쓰는 것들에서도 부풀리거나 가감하는 일을 하고 싶지 않았다. 그건 시간이 지나도 변함없었으면 좋겠다. 장황한 것은 속이 비어 있기 마련이다. 담백하고 사람 냄새 짙게 나는 솔직하고 꾸밈없는 글을, 시를 앞으로도 쓰고 싶다.

시를 위해 대단한 경험이 필요하지 않다는 것쯤은 이제 잘 안다. 괜히 특이한 사람이 되거나, '시를 쓰는 사람'이라는 자아에 과히 몰입하지 않아도 된다. 자연스럽게 쓴 시는 읽는 사람도 편안하게 읽게 만든다. 그래서 그 잔상은 더 오래도록 남을 테다. 시에 대한 내 감정이 편안해야 시와 더 오래 함께 할 수 있다. 쓰고 읽는 내가 행복해야, 지켜보는 사람들에게도 응원할 힘을 주어야 주변을 맴도는 단어들이 시어로 품어지고, 시와 함께 다시 태어날 것이다. 젖은 얼굴의 내가 아닌 보송한 얼굴을 한 내가. 세상의 모든 말들과 대화하며 시어를 낚아오고, 일상의 귓속말을 시적인 시간으로 변화시킬 줄 아는 사람이 되어 당신들을 환대하기를.

같이 살아도 될까요?

더 주고 싶은 마음끼리
산다는 건

　혼자 산 기간이 꽤 길다. 스무 살에 대학교 진학을 위해 상경한 뒤부터 10년이 넘도록 혼자 살았다. 그간 혼자서 잘 먹고, 잘 놀았던 터라 아쉬운 게 전혀 없었다. 경제적으로도 풍족하지는 않아도 나름대로 모을 만큼 모아가며 잘 살았다고 생각했다. 그러다 문득 생각이 들었다. 나도 이제는 누구와 같이 살고 싶었구나, 결혼할 때가 되었구나 하고.

　혼자가 지겨워진 것은 아니었다. 결혼에 대한 생각은 불현듯 찾아왔다. 나 하나만 챙겨도 되던 삶에서 함께 사는 삶으로 바뀌는 것이 더는 부담스럽지 않을 수도 있겠다고 생각했다. 그에게 더 주고 싶은 마음이 드는 사람이라면, 함께 산다고 해도 나는 나대로 잘 서 있을 수 있겠다는 믿음이 생겼다. 그의 아내, 아이의 엄마가 되더라도 내 인생의 주체가 나에게서 벗어나지 않을 수 있게 해줄 사람이 또 내 곁에 있었다. 그래서 두렵지 않았다.

 그와 꽤 오랫동안 만났다. 그는 나보다 8살이 더 많다. 6년의 시간이 그를 만나는 동안 흘렀고, 30대 초반이었던 그와 20대 중반이었던 나는 어느덧 앞자리가 바뀌어 가고 있었다. 우리에게 그간 결혼 이야기가 나오지 않았던 것은 아니었다. 그와 만난 지 1년 반쯤 되었을 때, 그의 어머니께서 쓰러지셨다. 그 후로 어머님의 목소리를 들을 수 없었다. 어머님께서 병상에 계신 시간이 늘어날수록 그의 얼굴에 드리운 그림자는 더 짙어졌다. 무슨 말을 해야 할지, 어떤 위로가 그에게 도움이 될지 고민하는 시간만 몇 년이 흘렀다. 그저 그의 곁에 있어 줄 뿐이었다.
 그와 가족들에게는 힘든 나날들이 계속 이어졌고, 그는 자신의 상황 때문에 나를 붙잡아두는 것은 나에게도 못 할 짓이라며 나를 밀어내기도 했다. 그래도 나는 그에게서 떨어지지 않았다. 그렇다고 흔들리지 않았던 건 아니었다. 어쩌면 그에게 나의 존재가 더 짐이 되는 건 아닐까 싶었다. 또 내가 그와의 미래를 진심으로 원하고 있는 것이 맞는지 오래도록 고민했다. 고민이 길어질수록 왜인지 더 또렷해졌다. 그가 곁에 있다는 사실만으로도 세상의 목소리가 두렵지 않아졌다. 나를 단단하게 잡아주는 그의 존재가, 조용히 나의 모든 걸음을 응원하는 그의 목소리가, 다친 마음을 어루만져주는 그의 손길이 있기에 나의 모자란 부분들이 채워지고 있었다. 그런 그를 놓치면 오래도록 후회할 것 같았다.

> 고요하게 곁에 있어주는 사랑은 믿음의 다른 이름입니다. 곁에서 조용히 바라보는 일, 믿어주는 일, 큰소리 않고 기다리는 일. 이런 사랑이 가실 줄 모르는 사랑이고 상처를 주지 않는 사랑이고 사라지지 않는 사랑입니다. 각자의 불완전함을 오롯이 받아들이는 사랑이며 각자의 난처함과 남루함을 있는 그대로 껴안는 정직한 사랑입니다.
>
> 정은귀, 『나를 기쁘게 하는 색깔』 중에서

나의 엄마에게도 오래 앓아온 병이 있었고, 그랬기에 우리 가족들은 그의 상황을 받아들이기까지 시간이 걸렸다. 집안에 아픈 사람이 둘이나 된다는 건 반가운 일은 아니었으니까. 당시의 나는 그와 함께하겠다는 마음이 너무 강한 나머지, 가족들의 말을 들으려 하지 않고 나의 고집만을 내세웠다. 시간이 걸리더라도 그를 천천히 보여주면서 설득하면 유순하게 넘어갈 수 있었던 일을, 단순히 반대했다는 이유만으로 가족들에게 반항하듯 연락을 끊기도 했다. 그 시간 동안 나도, 그도, 가족들도 서로 말은 하지 않았지만 많이 힘들어했다. 또 그만큼 그와 나는 더 단단해졌다. 그렇게 여러 사람의 상처가 아문 뒤에야 그와 가족들 앞에 설 수 있었고, 결국 모두가 축복하는 인연이 되었다.

결혼의 의미가 그래서 내겐 더 남달랐다. 단순히 같이 산다는 개념을 넘어서, 함께 인생의 여러 일들을 헤쳐가는 끈끈한 사이가 된다는 것, 또 나의 마음 한쪽을 떼어서 주어도 아프지 않은 사람과 함께 한다는 것이었다. 서로의 길을 뚜벅뚜벅 걸어가던 두 사람이 이제는 같은 길로 나아간다는 것이 결혼의 참뜻이라는 것을, 우리는 결혼을 준비하는 과정부터 더 깊이 생각할 수 있었다. 그래서 더 믿을 수 있었다. 어떤 모습의 당신이라도 품고 나의 사람으로 맞아들이는 우리가 될 거라는 것을.

그는 표현이 많은 사람은 아니었다. 그런 그에게 표현을 바라던 나는 종종 섭섭해할 때가 많았고, 그는 말보다 행동으로 더 잘 보여주고 있지 않느냐고 멋쩍게 웃곤 했다. 어째서인지 결혼하기로 하고 난 뒤부터 그의 마음이 더 커진 것 같아 그에게 물었다. 연애만 할 때와 지금의 차이가 무어냐고. 그는 인생을 같이 걸어갈 사람이라는 믿음이 확고해진 것이 이전과 달라진 것이라고 했다. 그러니 더 잘 해주고 싶은 것이라고. 정말로 그는 이전보다 더 모자람 없이 내게 더 주려고 했다. 그런 그가 고마워서 나도 그에게 더 주고 싶은 사람이 되었다. 주고 싶은 마음끼리 산다는 건 어떤 행복일지 매일 더 궁금해졌다.

우리가 바라보는 행복은 그런 마음으로 가정을 이루어가는 것이다. 그러니 세상이 말하는 조건들에 휘둘리지 말자고, 어차피 우리의 길은 우리만이 걸어가는 것이라고 그와 자주 다짐한다. 같은 미래를 향해 가는 길에 서로를 자주 어루만져주자고도. 서로가 곁에 있다는 것만으로, 껴안을 당신이 내게 있어주어 감사하다고 자주 말한다.

신부 혼자 입장한 결혼식의 의미

아버지가 일깨워준 결혼의 언약

 그해 여름, 그와 나는 거의 매주 결혼식을 다녀왔었다. 우리의 결혼식과 어머님의 장례까지 1년 안에 모두 치른 우리는 갈 수 있는 곳은 가려고 노력하고 있다. 좋은 일에도, 슬픈 일에도 함께 마음 써 준 이들이 얼마나 감사한 이들인지 더 잘 알게 되었으니까. 결혼을 하기 전에는 몰랐던 결혼식의 의미를 실로 느끼게 되었으니 힘닿는 대로 참석하려 한다.

 결혼식을 하고 난 뒤부터는 친구들의 결혼식에 가면 사진도 더 많이 찍어 주게 되고, 더 축복하게 된다. 그 순간을 나도 지나왔으니까. 내가 사랑하는 가족들과 나의 친구들, 지인들이 한자리에 모여서 우리 가정의 새로운 시작을 축복해 준다는 게 얼마나 감사한 일인지, 행복한 순간으로 기억에 남을지 잘 알고 있으니까. 허례허식이 있다고는 하지만, 언젠가 시간이 지나 그 순간을 되돌아보았을 때 우리를 축복해 준 감사한 사람들이 있었다는 기억으로 다시 힘을 낼 수 있을 테니 나는 결혼식 자체에는 아주 긍정적이다.

돌이켜 보면 결혼식을 준비하는 과정이 힘들기는 해도 꽤 재미있었다. 우리나라 웨딩 산업이 다소 과한 측면이 있기는 하지만, 각자의 가정에서 자라온 두 사람이 함께 준비하는 '우리 가족'으로서의 첫 가족 행사라는 점과 그 가족 행사의 주인공이 우리 둘이라는 점에서 충분히 즐기면서 준비할 수 있는 일이라고 생각한다. (물론 결혼 준비를 하는 동안에는 마음 고생도, 걱정도 많았지만.) 처음 같이 준비하는 행사다 보니 서로 생각하는 방향이나 집안 분위기가 달라 맞춰야 할 것이 많은 터라 여러 갈등이 생기기 쉽지만, 결혼식을 잘 끝내고 나면 정말이지 남편과 이제 가족을 넘어 '인생의 동반자'라는 동지애가 무럭무럭 자라난다. 그러니 형편에 맞게만 준비한다면, 결혼식은 서로에게 '우리가 주인공인 가족 행사'를 꾸려가는 추억으로 자리할 테다.

결혼식의 주인공이 되어보면, 식순 하나하나에도 의미를 담아 공을 들이게 된다. 둘이 주인공이기는 하지만 엄연히 가족 행사이다 보니 양가 가족들의 입맛도 맞추어야 하는 경우들이 있다. 나의 경우는 아버지의 제안에 의해 '신부 단독 입장'을 하게 된 경우다. 아버지가 살아계시고, 가정 내 불화가 있지 않은 신부들의 대부분이 아버지의 손을 잡고 입장하는 반면, 나는 아버지가 건강하시고 사이가 좋은 편인데도 혼자 입장했다. 목사이신 아버지께 결혼식에서 축도를 해 주셨으면 한다는 말씀을 드렸을 때, 아버지는 내게 말씀하셨다.

"괜찮다면 축도는 정말 짧게 하고 내려갈게. 아빠는 너희 결혼식에 너희만이 주인공이 되었으면 한다. 그리고 딸이 아빠 손을 잡고 입장하는 건 안 했으면 좋겠어."
"축도 짧은 거 너무 좋다! 근데 난 아빠 손 잡고 입장하고 싶은데, 왜?"
"내가 딸을 사위에게 넘겨준다? 그런 생각을 한 적이 없어. 딸도 독립적인 한 사람인데 뭣하러 아빠에게서 남편으로 넘겨줘. 네가 그렇게 크지도 않았고, 그렇게 키우고 싶지도 않았고. 아빠는 그렇게 하면 좋겠다. 이건 결혼식이 너희 가정의 시작이라는 데에 아주 중요한 의미가 될 거야."

아버지의 말을 듣고도 혼자 입장하는 것은 왜인지 그때의 나도 썩 반갑지는 않았던 터라, 엄마와 함께 아빠를 설득하려 했었다. 괜히 사람들이 수군댈 수 있으니 그냥 보편적으로 하고 싶다, 나는 아빠랑 걸어가는 순간을 그려왔었다 하면서 아버지를 설득하려 했지만 아버지는 완강하셨다.

"너희 두 사람의 결혼이잖아. '딸을 시집 보낸다'는 표현도 아빠가 싫어하는 거 알면서. 내가 말한 뜻을 한 번 더 생각해 보면 너도 바로 이해할 거야."

그렇게 아버지의 뜻에 따라 나는 혼자 입장하는 신부가 되었다. 연신 웃으며 사람들에게 손을 흔들어가며 인사하다 남편을 향해 걸어가는 나의 입장이 찍힌 사진을 보니, 아버지의 뜻이 바로 이해되었다. 독립된 인격체의 두 사람이 만나 한 가정을 이루게 된다는 진정한 결혼의 의미를, 아버지는 알려주고 싶었던 것일 테다. 성인이 된 이후, 부모님께서 나를 나답게 존중하며 살도록 해주신 덕분에 내가 하고 싶은 것들을 스스로 선택하며 살아왔다. 아버지는 그런 내가 아버지의 손을 잡고 입장하는 것이 더욱 어울리지 않는다고 생각하신 것 같다. 결혼식 사진에 찍힌 나의 모습들도 그래서 더 당당해 보이는 것 같았고, 더 신이 난 듯 보였다. 진짜로 나는 결혼식 내내 엄청 웃고 있었다. 그건 아빠가 일깨워준 결혼식의 의미 덕분에 충분히 이날을 즐기려 했기 때문이었을 것이다.

> 혼인을 하는 순간부터 새로운 의사결정 단위를 형성하고 새로운 행동 양식과 실행 방법을 개발해 내는 데 온 힘을 기울여야 한다. 배우자와 자신 모두에게 어울리는 새로운 패턴을 찾으려 하지 않고 자신이 나고 컸던 가정의 틀만 고집한다면 아직도 부모의 '집'을 떠나지 못하고 있는 것이다.
>
> 팀 켈러, 『결혼을 말하다』 중에서

SNS를 보다가 아버지가 건강하시고, 사이도 좋은데 굳이 혼자 입장하는 신부들에 대해 이해가 안 된다는 글을 발견했다. 댓글들에는 '아버지에게도 평생 한 번 있을 시간을 굳이 빼앗는 이유를 모르겠다' 혹은 '신부 혼자 입장하면 집에 무슨 일이 있는지 궁금해진다'는 반응들이 많았다. 우리의 결혼식을 보고도 더러 물어보는 사람들이 있었는데, 그때마다 그건 아버지의 뜻이었다고 말한다. '아빠에게서 남편으로' 향하는 사람이 아닌 나의 길을 걸어가는 한 사람이 가정을 이루는 의미라고 하셨다고.

아버님도 우리 아빠와 같은 말씀을 하셨었다. 딸을 시집 보낼 때 아빠가 남편에게 딸을 넘겨주는 건 조금 이상하지 않냐고. 그래서인지 양가 부모님 모두 자식들에게 의지하려 한다거나, 도움을 받는 일을 만들지 않으려 하신다. 살다 보니 부부가 '둘이 사는 것만' 신경 쓰면서 살 수 있는 것도 참 복이라고 생각한다. 우리가 잘 살기만 하면 된다고 하시니 우리의 가정에 더 책임을 다하고 싶어진다.

자신의 길을 뚜벅뚜벅 잘 걸어가던 두 사람이 만나 한 가족이 되어 같은 길을 걸어가는 것, 그것이 결혼의 의미라 생각하는 우리는 제법 잘 살아갈 것이다. 결혼의 의미를, 가정을 이룬다는 것에 대한 책임을 항상 생각하고 있을 테니까.

파도를 믿는다는 말

우리의 순간들을
발견하기까지

　매일 다짐으로 시작해야 했던 아침들이 더는 견디기 어려웠다. 사람들과 연락을 끊고 그들의 목소리조차 낯설게 느껴졌다. 그때의 나는 쓰기도, 읽기도 멈춰버린 상태였다. 나를 그대로 두어선 안 되겠다고 생각했지만, 나를 구할 힘도 낼 수 없었다. 그럼에도 다행이라 여겼던 건, 의지할 수 있는 그가 곁에 있었다는 점이다. 그와 이야기하고 털어놓고 나면 숨을 쉴 수 있었다. 그래서 그와 함께 살기로 결심했고, 하고 있던 일들을 멈추고 거제로 왔다.
　더불어 신혼 때에 같이 살아보지 않으면 알 수 없는

그와 나의 모습들을 발견하고 싶었다. 살던 대로 살면 더 많은 기회가 있었고, 친구들도 있어 심심치 않게 살 수 있었지만 부부로서 함께 살아가기 위해 서로의 합을 맞추는 일이 더 중요하다고 생각했다.

그를 따라 내려가겠다는 내게 사람들은 많이들 말했다. "주말 부부하지, 왜 일도 포기하고 연고도 없는 곳에 외롭게 가려 해?"라고. 직장인 9년 차로 커리어가 한창 쌓이던 때였고, 새로 맡은 업무도 적응하고 있었기에 그 말들이 당연하게 느껴지기도 했다. 내 일에 대한 자부심도 있었고, 나름의 성취감도 있었다. 하지만 편도로 5시간이 걸리는 거리였다. 그의 스케줄 근무와 내 바쁜 업무 속에서 우린 주말 부부가 아니라, 월간 부부가 될 수도 있었다.

내가 돌이 막 지났을 무렵, 아빠는 홀로 유학길을 떠나셨다. 아빠도 아내와 어린 딸을 두고 가는 마음이 힘들었겠지만, 당시 아빠 없이 나를 길러야 했던 엄마를 생각하면 매일을 '잘 살아야 한다'는 다짐으로 버티듯 사셨던 것 같다. 영상통화조차 없던 시절, 드문드문 하는 통화로나마 아빠의 존재를 확인해야 했던 어린 나는 "엄마, 나 아빠 없지?"라고 묻기도 했다. 그 말을 들을 때마다 엄마는 얼마나 사무쳤을까. 이제 갓 서른이었던 엄마는 남편 없이, 의지할 곳 없이 외롭고 힘든 싸움을 해내셨을 것이다.

아빠는 6년 뒤 귀국했고, 그때부터 부모님은 다시 같이 살아가는 방식을 맞추어야 했다. 그 시절의 부모님은 꽤 자주 다투셨고, 여덟 살이던 나는 선생님이 검사하시는 일기장에 '엄마 아빠가 오늘도 싸웠다'고 써서 엄마를 학교로 불러내기까지 했다. 오랜 시간 각자의 방식으로 살아온 부부가 다시 맞춰간다는 것이 얼마나 어려운지, 엄마에게는 지난 세월에 대한 원망이, 아빠에게는 미안함과 답답함이 있었을 수도 있다. 결국 시간이 지나면서 익숙해졌지만, 그 경험은 내게 '결혼을 했다면 부부는 같이 살아야 한다'는 믿음을 남겼다.

하지만 그의 발령으로 인해 연고도 없는 거제에서 살아야 한다는 생각을 하면 할수록 두렵기도 했다. 생각조차 해 본 적 없던 삶이 눈앞에 놓여 있었으니까. 그와 함께 여러 방향을 생각했다. 떨어져 살다 그가 수도권으로 다시 발령받아 오는 걸 가장 원했지만, 그 시기가 언제가 될지는 정확히 알 수 없었다. 그 불확실성에 신혼 초기를 걸어두는 일이 망설여졌고, 미래를 위해 지금 가진 것을 잠시 내려놓는 게 어떨지 하루에도 몇 번씩 마음이 오락가락했다. 서로 곁에 있지 않으면 제대로 될 결혼 생활이 자꾸만 미뤄지는 것 같았다.

결정적으로 마음을 굳히게 된 건, 일이 바빠질수록 내가 점점 나를 잃어가는 느낌이 들었기 때문이었다. 나를 무한히 믿어주는 그와 함께하며 나를 다시 채우고 싶었다. 힘들어도 혼자 힘든 것보다 함께 힘든 것이 낫다는 결론 끝에 급하게라도 같이 살 계획을 세웠고, 지금에 이르렀다.

이제는 잠깐쯤, 내게 쉼을 허락하고 싶었다. 그와 함께 지내는 온통 바다뿐인 거제에서, 진정 내가 하고 싶은 것이 무엇인지 다시 생각해 보고 싶었다. 그와 같이 살면서 가장 많이 다짐했던 건 '여유롭게 살아보자'는 것이었다. 내가 일을 하지 않게 되자 경제적으로는 전보다 넉넉하지 못했지만, 마음은 오히려 더 풍요로워졌다. 서울에 있으면 자꾸만 누군가를 만나게 되고, 자의가 아닌 타의에 의해 시간이 흘러가는 것 같았다. 이곳에서는 내 시간을 온전히 나에게 내어주는, 내가 사랑하는 사람에게 시간을 내어주는 삶을 살고 싶었다.

파도 소리에 잠시 귀를 기울이고, 갈매기가 우는 곳에 눈을 돌려본다. 살면서 이토록 바다를 자주, 오래 본

적이 없었다. 걷고 싶을 때 걷고, 먹고 싶을 때 먹으며 마음껏 나와 당신을 사랑하겠다고 다짐한다. 혹여 다투더라도 장난 한 번에 무너지며 웃는 소탈한 시간이, 집안일 다 미룬 채 영화를 보며 함께 있다는 것만으로 충만해하는 우리가, 날씨 좋은 날엔 오늘은 어느 해수욕장으로 산책갈까 고민하는 하루하루가 소중했다. 그가 퇴근하며 "내가 왔다!"하고 안아주면 오늘 저녁 메뉴를 읊어주는 그런 사소한 순간들이 모두 찬란하다.

치열하지 않아도 괜찮다는 것. 그렇게 살아도 삶은 흐르고, 오히려 더 나다운 모습으로 채워진다는 걸 이곳에서 배운다. 내 안의 파도가 잠잠해지기 위해서는 파도에 나를 맡겨보는 시간이 필요했다. 충만한 사랑을 늘 쏟아주는 그 곁에서, 헤매는 시간도 함께인 것을 기쁘게 받아들이면서. 이제는 그렇게, 당신과 함께 오늘의 파도에 몸을 싣는다. 그것이면 충분하다.

아무것도 하지 않을 수 없는 나에게

성취 중독에서 벗어나기

내게는 채용 공고나 공모전들을 들여다보는 버릇이 있다. 이건 정기적으로 회사에 다니지 않게 된 후부터 하루의 일과 중 하나가 되었다. 그렇게 찾아보다가 하게 된 일들이 거제에 오자마자 출근했던 음악당 인턴, 그리고 남편이 근무하는 구치소의 행정 인턴이었다. 아직 구치소의 인턴 기간이 남아 있지만, 왜인지 이후에 하게 될 일이나 정규직으로 다녀볼 만한 일이 또 있을까 하는 생각에 공고들을 들여다보게 된다. 아니, 사실 아이 계획이 있는 터라 합격한다고 해도 오래 다니지 못할 것 같아 절실함은 없는데도 자꾸 어딘가에 지원해

볼까 하는 마음이 드는 건 왜인지 모르겠다.

  얼마 전에도 한 재단에 지원했다. 꽤 경쟁이 있는 곳이라 들었는데 결과를 조회해 보니 서류 합격이라고 했다. 다음 전형은 필기시험인데, 서울까지 가서 시험을 봐야 한다고 했다. 그렇게까지 당장 일이 필요한 건 아니었다. 아이 계획이 있는 우리에겐 지금 내가 섣불리 일을 구하는 게 오히려 걸림돌이 될 거란걸, 잘 알고 있었다. 그럼에도 나는 마음이 급해져서는, 그냥 있으면 불안하다는 핑계로 이것저것 해보고 있다.

  어쩌다가 아무것도 하지 않는 나에게 이토록 인색해진 걸까. 지금 나에게는 아무것도 하지 않고 보내는 시간이 필요한 때라는 걸 알면서도, 그게 멀리 보았을 때 우리의 가족계획에 더 맞는 일이라는 걸 알면서도 알 수 없는 조바심에 사로잡힌다. 왜지. 그냥 있으면 내가 아무것도 아닌 사람이 된 것 같아서? 그렇다고 회사를 다니면, 어딘가에 속해있으면 무언가가 채워졌던가? 소속이 생기는 걸 부담스러워하면서 뭘 그리 찾아다니나 싶어 스스로에게 질문들을 던져봤다. 답은 하나였다. 나는 '성취하는 나'에 중독되어 있던 것이다.

  '성취하는 나'에 빠져있던 나는 과거에도 여러 번 등

장했다. 회사에 다니면서 운동까지 잘 해내고 있었는데, 돌연 바디프로필을 찍겠다며 매일 아침부터 저녁까지 하루 4시간을 운동하면서 지냈던 내가 있었다. 또, 주변에 많은 사람들이 잘 다니고 있던 회사에서 이직을 준비하고 성공하는 걸 보면서 갑자기 이직을 준비하더니 여러 곳을 면접 보다가 결국 이직까지 하게 되었다. 그때를 돌이켜 보면, 생전 처음 날씬한 몸을 만들어서 사진으로 남기게 되었다는 성취감, 이직이라는 결과보다 이직을 준비하면서 서류와 면접을 통과하는 그 단계들에서 오는 뿌듯함을 느꼈던 것 같다.

  글을 쓰는 나의 모습에서도 '성취하는 나'에 빠진 모습은 종종 등장한다. 우선 등단이라는 관문을 통과해야 '시인'이라는 타이틀이 비로소 생기는 것이라 굳게 믿었기에, 대학 시절 동안 시를 쓰고 신춘문예 철마다 원고를 내기 바빴다. 도전한 지 3년째 만에 정말로 당선이 되었고, 그간 내 시간이 모두 헛되지 않았다고 말해주는 것 같아 벅차올랐다. (물론 그 타이틀이 나를 밥 먹여주지는 않았고, 이제는 등단만이 작가가 되는 길이 아닌 것에 아주 동감한다.) 등단한 뒤에는 여러 문학상과 공모전들을 찾아보며 혹여나 내가 지원할 수 있는 게 있을지 찾아보았다. 글을 쓰면서 어떤 결과가 나타나기를 바라게 되는 게, '저만의 길을 가겠습니다'라고 말하던 당선 포부와는 참 모순된다고도 생각했다. 사람의 욕심이라는 건, 자아의 발현이라는 건 무시하기가 참 어려운 법이다.

그러니 지금 내가 막상 합격해도 썩 반갑지 않을 채용 공고에 지원해 보는 것 역시 '성취하는 나'에 중독되었기 때문일 테다. 그 중독은 거제에 살면서부터는 여유롭게 살아보겠다는 마음을 먹고 난 뒤에도 끊기가 어려워서, 가만히 있지 말고 뭐라도 해야 하지 않겠냐고 채찍을 가하게 만든다. 지금처럼 사는 것도 좋겠다고 생각하지만, 때때로 급습하는 불안까지 막아내기는 아직 마음이 덜 단단해졌다. 그러니 뭐라도 해보겠다고 이것저것 시도하고, 지원해 보면서 나의 가치를 외부에서 찾아보는 게 아니었을까.

오랫동안 나는 나에게 선택권이 있다는 사실을 잊고 지냈다. 다른 삶이 가능하다는 희망 역시. 내 삶을 내가 선택할 수 있다는 그 단순한 자유를 왜 그토록 오래 잊고 살았을까? 당연하게 여길수록, 가지고 있는 채로 잊어버리기 쉬운 진실. 주머니 속에 있는데 애먼 바깥만 계속 뒤지게 되는 진실. 자유는 그런 것이었다.

동시에 잃기 쉬운 것이었다. 존재를 잊어버리는 순간 그 자리에서 사라지므로.

김신지, 『시간이 있었으면 좋겠다』 중에서

  아무것도 하지 않아도 괜찮은데, 나에게는 지금 그런 시간이 오히려 더 필요한데 가만히 두지 못하는 나에게 지금 당장 함께 살고 있는 사람과의 먼 미래를 한 번 더 생각해 보라고 말해주겠다. 무언가 빠져 있는 느낌은 느낌일 뿐, 아직 나에게선 아무것도 빠져나가지 않았다고. 남편은 불안해하는 내게 말했다. "결혼을 하면서는 함께 잘 사는 게 우리의 목표가 되었잖아. 급하게 생각하지 말자. 지금 우리는 목표를 향해 잘 달려가고 있는 거야."라고. 미래의 일은 그때의 우리가 또 알아서 잘 해결하고 있을 테니 현재에 충만하게 살자는 그의 말을 듣고 생각했다. 이제는 구멍 나도 함께 메워 줄 사람이 있으니 불안할 필요 없다고, 멀리 바라볼 용기를 조금 더 내어 보라고. 살아갈 날은 많으니, 앞으로 해야 할 일들은 더 많으니 조바심 낼 필요 없다고.

  걱정 없이 편안하게, 스스로 조금 더 놔도 된다는 주문은 아마 끊임없이 해야 할 테지. 그렇게 살다가 언젠가 뒤돌아봤을 때, 내가 지나온 모든 시간이 그때의 나를 향해 인사 해주고 있을 테니까. 그러니 눈에 보이는 결과가 당장 없다고 해서 불안해하지 말기를, '성취하는 나'에게서 조금은 벗어나 보기를. 남편과 둘이서 보내는 날들 동안 이 모든 것들을 내려놓는 연습을 하겠다고, 또 다짐 해본다.

사랑을 하고 받는 것도 재산

구치소 인턴 일기

 그의 직장인 구치소로 함께 출근하는 때가 있었다. 그곳에서 나의 역할은 아주 미미하지만, 담장 밖에서는 알기 어려운 이곳의 이야기들을 조금씩 경험하게 되면서 그가 어떤 일을 하는지, 우리가 기사로 접하던 범죄자들이 어떻게 생활하는지 등을 어깨너머로 보는 것만으로도 재미있었다. 그에게 말로만 들었던 교도관의 삶을 직접 보고, 듣게 되니 새로웠다.
 구치소에서 일하는 동안 깨달은 건 사랑을 얼만큼 받고 자랐는지, 지금 얼마나 누군가와 사랑을 하고 받는지, 그 소중함을 알고 있는지도 재산이라는 것이었다. 일을 하는 동안 많은 서류들을 접했는데, 서류상에서 읽히는 정보 속에서도 '아, 이 사람은 가정에서 충분한 사랑을 못 받았겠구나' 혹은 '비뚤어진 사랑을 지닌 사람이구나' 하는 생각을 하게 되는 지점들이 많았다. 가령 지인으로 등록할 사람 목록에 아무도 쓰지 못하는 사람의 서류를 볼 때나, 가족을 살해하거나 폭행하여 들어오게 된 사건의 판결문을 볼 때처럼. 꼭 이곳에서의 일들이 아니더라도 우리의 삶 곳곳에서 '사랑받고 자람'은 크나큰 재산이라는 사실을 종종 깨달았다.

나도 내가 자라온 가정이 당연하다고 여기던 때가 있었다. 자식의 일이라면 발 벗고 나서서 도와주시려 하는 부모님과, 항상 맛있는 음식을 먹이려고 시장에서 손수 장 봐와서 하나부터 열까지 모두 손으로 해내시는 할머니의 손맛, 종종 안부 연락을 주고받는 친척들까지. 나는 그런 사랑 속에서만 살아왔기에 이런 사랑을 모두가 받고 산다고 생각했다. '어떻게 부모가 그래'라는 말이 누군가에겐 상처가 될 수 있음을, 애석하게도 깨닫는 데까지 꽤 오랜 시간이 걸렸다. 구치소에서 일하면서 많은 것을 느끼게 되었다고 했을 때, 남편이 내 말에 덧붙여 말했다.

"우리가 우리보다 좋은 조건에 있는 사람들이랑 항상 비교만 해서 그렇지, 어쩌면 전 세계적으로 봤을 때는 상위 5% 안에는 꼭 들 거야. 넘치는 사랑을 주는 부모님에게서 자란 것, 하고 싶은 것이 있을 때 하게 해주시려는 경제 상황이 되었던 것, 원하는 공부를 하면서 대학을 나온 것, 그리고 취업해서 결혼까지 한 것까지 하면."

'한국에서 태어난 것'까지 덧붙였던 그의 말을 들었을 땐, 머리를 한 대 맞은 것 같았다. 그것 역시 어쩌면 상대적인 우위를 느끼는 행위라고 할 지 모르지만, 내가 이전에 생각해 본 적이 없던 것이어서 오랫동안 내 머리를 맴돌았던 말이었다. 그래, 우리가 가진 게 얼마나 많은 것인지, 소중한 것인지 잊지 말아야지. 우리가 원하는 삶만 바라보고 살아서 그렇지, 지금 가지고 누려온 것들이 얼마나 이루기 어려운 것인지도 잊지는 말아야지.

사랑이 가득할 때라야 비로소 감사할 줄 아는 사람이 된다는 것도 이제는 안다. 그러니 누군가를 사랑하고, 베풀고, 또 사랑을 받는 것이 한 사람을 올바르게 살아가게 하는 것이다. 너무 낭만적인 이야기일지 모르지만 정말 그렇다. 끝없는 욕심을 부리게 되는 것도, 욕망 끝에 절망을 불러오는 것도 결국은 그에게 사랑이 부족했기 때문임을 많은 사건과 서류를 보면서 더 느끼게 된다. 우리가 말하는 '죄'라는 것의 시작은 결국에는 안정적이지 못한 가정과 상황에서 비롯되는 것임을.

그럼에도 불행이 닥쳐오면 왜 우리에게 이런 불행이 오나, 하고 비관적인 마음을 품게 되는 건 마찬가지지만 여태껏 우리가 누려온 사랑들이 닦아온 힘으로 이 일들도 어떻게든 잘 넘겨낼 것임을 우리는 안다. 그러니 내가 가진 사랑을 너무 과소평가 하지 말 것. 그 사랑이 결국은 재산이 되어 우리에게 돌아올 테니.

함께 있는 곳이 집이지

어디서든
살 수 있을 거라고

"함께 있는 곳이 집이라고 생각하니 지금 같이 있다는 게 너무 소중해."

결혼한 지 얼마 안 된 친구가 내게 말했다. 그녀의 남편은 어릴 때부터 유학 생활을 하며 여러 나라에 걸쳐 살았는데, 그래서인지 어느 곳에서나 이방인이라는 생각에 꽤 오랫동안 불안한 때가 있었다고 했다. 그러다 친구를 만나 함께 살 집을 구하고, 살림을 꾸려나가는 과정이 너무나도 행복했다고. 친구도 그런 남편의 행복해하는 모습을 보면서 뭉클하기도 하고, 이게 사는 재미였구나 다시 생각했다고 말했다.

  그 말은 왠지 곱씹게 되었다. 남편과 함께 사는 결혼 생활을 하고 싶다는 이유로 도망치듯 떠나온 내게 위로해주는 말 같기도 했다. 나는 그저 집이 너무 필요했을 뿐이다. 급작스레 결정한 나를 원망하거나 비난하는 사람들이 많을 것도 잘 알고 있었다. 떠나오는 것이 쉬운 일은 아니었기에 함께 살기 위해 떠날 계획을 하고도 계속 고민했다. 그래도 결론은 지금은 그와 함께 살아야 한다는 것이었다. 우리라는 이름으로 살려면 그래야만 했다.

  그렇게 떠나온 곳이 거제였다. 이곳에 살면서 변한 것이 꽤 많은데, 가장 큰 변화는 함께라면 어디에서든지 살 수 있겠다고 생각하게 된 것이다. 대구에서 나고 자랐던 10대 시절의 나에게는 언제나 서울은 대학에 가면 꼭 살아보겠다는 도시였고, 끝내 서울에서 학교를 다니게 되었을 때는 드디어 나도 TV에서나 보던 곳들을 갈 수 있다는 생각에 꽤 설레었다. 대학교 때에는 20대를 서울에서 보낸다는 것만으로도 만족스러웠지만, 직장을 다니게 되고 결혼을 생각하면서는 누구나 그러하듯 서울에 '내 집'을 마련하는 것이 목표가 되었다. 결국 경제적인 면이나 당시 내 상황에서 가장 최선이 선택지였던 경기도에 집을 마련했다.

그렇게 대구에서 19년, 수도권에서 13년을 살며 도시에 익숙했던 내가 남편을 따라 바다가 지천인 곳으로 오게 되었다. 남편 역시 경기도에서 평생을 자랐던 터라, 평생 도시에 살았던 두 사람이 생각하지도 못한 곳에서 외지인으로 살게 된 것은 삶의 아주 큰 변화였다. 모든 게 새로운 이곳은 도시와 다른 환경으로 인해 불편한 것도 많았지만, 그만큼 누릴 것도 많았다. 그때마다 그와 말한 것이 있다. 함께 있지 않았다면 이곳에서의 기억을 지금처럼 행복하게 남기지 못했을 거라고.

여기서 배우는 것은 '간단하게 살아가는 것', 가장 값진 원리이다. 하루를 단정하게 마무리하고 또 다른 아침을 맞는다. 어느 순간, 알 수 없는 불안이 잠시 스치기도 한다. 하지만 걱정은 어느 무엇에도 도움이 된 적이 없다. 그냥 가만히 귀 기울이고 있는 법, 그리고 순응하는 법, 무엇보다 하늘의 힘에 믿음을 보내는 법을 배우려 애쓴다.

박성희, 『집의 일기』 중에서

우리가 가장 자주 말한 건 '지금 상황에서 최선을 살

자'는 것이었다. 도시에서만큼 일자리가 많지는 않아서 지갑은 얇아지겠지만, 우리가 가진 것 안에서 행복을 누리자는 말이었다. 돈을 아끼는 건 남편과 나의 생활과 소비 패턴이라면 가능했다. 크게 가리는 음식이 없으니 집에서 만들어 먹어도 좋았고, 바다가 잘 보이는 집에서 살게 되었으니 굳이 카페에 갈 일이 없어졌고, 만나는 사람이 줄어들어 옷이나 화장품을 살 일도 거의 없어졌다. 쉽게 말해 욕심이 많이 사라지는 삶을 살게 됐다. 다른 사람의 삶과 비교하는 일도 자연스레 사라졌다. 그저 지금은 우리 두 사람이 주체가 되어 누구와 비교하지 않고 우리만의 방식대로 사는 시간이길 바랐다. 그렇게 가진 것 안에서 충만하게 살다 보면 우리에게 진짜 필요한 건 무엇인지, 어떤 것에서 행복을 느끼는지 더 잘 알게 될 테니까.

이곳에 살면서 느낀다. 우리가 함께 사는 곳이라면 그곳이 어디든지 우리의 집이라는 것을. 또 어디에 살든 우리에게 중요한 건 서로에 대한 배려와 사랑이라는 것과 좋은 사람을 만나 가정을 이룬다는 건 사는 곳보다 어떻게 살아가느냐가 더 중요하겠다는 것까지. 모두 새로운 환경에서 살아보지 않았다면 깨닫기 어려울 것들이다.

때때로 이곳에서의 삶이 지루할 때도, 도시가 그리울 때도 있다. 하지만 도시에서 살 때의 빡빡하고 부딪히며 살았던 시간을 생각해 보면 어떻게 살았나 싶을 만큼 지금은 지금대로 또 편안하다. 그러니 우리는 이제 어디에서든 잘 살아갈 수 있을 것 같다. 어디에 살든 우리가 적응하고 마음먹기 나름일 테니까. 지금의 모든 순간을 행복으로 치환하기로 했다. 이렇게 해도 좋고 저렇게 해도 좋다고. 언젠가 우리에게 아이가 생긴다면, 조금 여유가 없어지더라도 그때 우리의 행복을 또 찾겠지 하고.

이전에 내게 정서적인 여유가 없을 때는 행복해지기 위해 특별한 이벤트들을 찾아다녔던 것 같다. 어렵게 티켓팅한 공연, 손꼽아 기다리는 여름휴가, 오랜 예약 끝에 성공한 맛집 방문 같은 것들로 행복을 찾아다녔다. 매일의 사소한 행복보다 특별한 이벤트를 통해 삶의 이유를 찾았던 때의 나는 '지금만 조금 버티자'하는 마음으로 살았다. 하지만 지금은 조금 다르다. 그때도 물론 삶의 조각들을 발견하는 마음이 있었지만, 지금은 우리가 함께 살아가며 '매일의 지금을 기억하자'는 마음으로 한껏 누리며 살고 있다. 버티며 살아가는 것이 아니라 언젠가 그리워할 지금을 몸에 아로새기며 최선을 다해 즐긴다.

함께 산다는 건 어쩌면 주어진 환경에서 최선을 다해 매일의 기쁨을 찾아가는 일이 아닐까. 살던 대로만 살았다면 깨닫지 못했을 인생의 가치와 생의 발견 덕분에 함께 산다는 것의 의미를 다시 새긴다. 우리는 이제 어디에서든 우리의 방식을 찾아가며 살아갈 것이다. 함께 있는 곳이 우리의 집이니까.

금요일에 만난 당신에게

어느 날의 편지

 누군가와 함께 살아가는 건 끊임없는 타협과 포기의 연속일 거라 생각했다. 그래서 혼자서도 잘 지내는 법을 배우고, 익숙해졌다. 그래야 언젠가 누군가와 살게 되더라도 그만을 의지하지 않고, 함께하는 시간을 온전하게 즐길 수 있을 것 같았다. 아무도 방해하지 않는 일상에서, 나는 나의 리듬대로 살고 있었다.

 내게 금요일은 늘 설레는 날이었다. 누군가를 만날 때도 있었지만, 혼자여도 이번 주도 고생한 나에게 자축하며 나의 시간을 채우는 날이었다. 그런 내게 당신은 어느 금요일에 불쑥 찾아왔다. 어느 금요일에 처음 만난 사람과 그다음 주 금요일에 다시 만나기로 했다. 금요일 퇴근 후 무얼 하냐고 물었던 내게 당신은 별일 없다고 말했고, 그럼 우리 동네에 놀러 오라는 나의 말에 그 동네는 처음이라 가 보고 싶다고 말한 당신이었다. 금요일에 다시 만난 우리는 꽁꽁 얼어붙은 거리를 걷다 따끈한 오뎅바에 들어가 술 한잔 기울이며 당신에게, 나에게 궁금했던 것들을 풀어나갔다. 당신을 만난 이후에는 금요일에 나를 혼자 두기가 싫어졌다. 그렇게 두 번의 금요일이 지나자 우리는 연인이 되어 있었다.

 함께 보내지 못하는 금요일이 오면, 당신은 내가 혼자서도 좋아하는 것을 하며 보내는 날이 되도록 내가 볼 영화티켓을 예매했다. 우리가 서로를 존중하는 방법은 각자의 시간도 소중히 해주는 것이었다. 뭐든 '당연한' 것은 없게 하자고 말했다. 당신의 시간은 '당연히' 항상 나의 것이 아니었고, 나의 시간도 그러했다. 그렇게 하는 것이 우리가 서로를 더 애틋해 할 수 있는 길이었던지도 모른다. 보고 싶던 영화를 혼자 보고 나올 때면 또 괜스레 그날의 흥에 취해 맥주 한 캔을 꺼내는 나에게, 당신은 '네가 행복하면 나는 다 좋아'라고 전화해 말했다. 그렇게 말해주는 당신이어서 실로 고마웠다.

> 와락은 쏠림이고 다급함이다. 고스란히 감당해야 하는 밀려옴이다. 떠나감이다. 와락의 순간들이 가까스로 지금-여기의 나를 나이게 한다. 와락 안겨오고 와락 떠나가는 것들, 와락 그립고 와락 슬픈 것들, 와락 엄습하고 와락 분출하는 것들, 와락 저편으로 이편의 나를 떠넘겨주는 것들, 그런 물컹하고 축축한 와락의 순간들이 밋밋하게 되풀이되는 이 삶을 울그락불그락 살아내게 한다. 이 되풀이의 운명 앞에서 절망하고 전율하는 나, 그게 사랑이었던가? 그 막막함에 숨이 막힐 때 와락 터져나오는 그것, 그게 시간이었던가?
>
> 정끝별, 『시쓰기 딱 좋은 날』 중에서

늘 당신이 하는 행동과 말에는 내가 들어있었다. 나의 마음을 오래 들여다보고, 기분의 결을 살펴주는 사람이 곁에 있으니 나를 잃는 순간이 점차 줄어갔다. 덕분에 내 안의 작고 단단했던 자유가, 이제는 당신과 나 누는 시간 안에서도 충분히 숨 쉴 수 있음을 느꼈다. '무얼 하든 네가 원하는 건 다 해보라'던 당신의 말은 나를 한 번 더 생각하게 했고, 어떤 것을 하고 싶어 하는지, 나는 무얼 좋아하는지 진정으로 고민하게 했다. 설령 당신에게는 그런 의도가 없었다고 할 지라도 나는 당신이 주는 사랑에 그렇게 변화하는 것이 맞다고 생각했다. 당신을 통해 나를 억누르지 않으면서도 함께 살 수 있다는 것을 배웠으니까. 내가 있는 그대로 살아도 당신 곁에 서 있을 수 있다는 것도.

당신과 함께 살기로 한 후부터는 당신과의 이야기를 줄곧 써 왔다. 태생부터 마음이 흘러넘치는 사람이라 그런 줄로 알았건만, 따로 쓰겠다는 마음 없이도 애틋함이 절로 생겨나는 것은 처음이었다. 우리가 앞으로도 함께 하겠다는 확신이 있기 전까지는 오르락내리락 했던 마음이 표현되었다면, 확신이 선 후부터는 같이 하는 순간들을 표현하기 위해 여러 단어를 수집하고, 감정들을 그러모았다. 설렘 대신 자리 잡은 편안함 속에서도 계속 피어나는 마음이 신기했다. 이 마음이 더 자라나길 멈춘다 해도 그때까지 성장한 마음으로 평생을 견뎌낼 수 있겠다는 생각이 들었다.

그 금요일에 당신을 만나지 않았더라면, 우리가 함께 얼어붙은 겨울밤을 거닐지 않았더라면 우리는 어떻게 살고 있을까. 과거에 대해 가정하는 것이 가장 의미 없는 일인 줄을 알면서도 괜히 생각해 본다. 당신은 내가 당신과 닿지 않았더라면 종종 불운이 찾아와 어둑해지는 자신의 길을 같이 거닐지 않아도 되었을 텐데, 라고 가끔 말한다. 후회하는 건 아니냐고도 덧붙여 묻는다. 그 물음이 미안함과 안쓰러움에서 비롯된 것임을 알고 있기에 그렇게 묻는 당신이 너무 슬프다고 잘라 말한다. 내게 당신이 없었다면 나는 마음의 파도가 여전히 요동치며 내가 뿌리 내릴 섬을 아직 찾고 있었을 것이다. 당신은, 잘 모르겠다. 당신은 혼자서도 잘 뿌리 내리고 살아가고 있었으니까. 내가 없는 당신을 떠올려 볼 것이 아니라 우리가 서로에게 있음으로 인해 행복해하는 모습만 생각해야겠다.

나는 여전히 혼자서도 잘 사는 사람이 되고 싶다. 하지만 당신 덕분에 이제는 함께 살아가고 싶은 사람이기도 하다. 당신과 함께, 같은 방향으로 걸으며 같은 시간을 지나고 싶다. 파도처럼 흔들리는 날들 속에서 내가 나로 남을 수 있도록 사랑을 쏟아주는 당신에게 매일 감사하며 살아가겠다.

어쩌면 나는 사랑을 하며 조금씩 나를 키워가는 중인지도 모르겠다. 당신을 사랑하면서 나를 돌보게 되었고, 나를 더 이해하게 되었고, 당신을 더 존중하고 싶어졌다. 우리가 생각하는 행복이 무엇인지, 앞으로 함께 헤쳐 나갈 시간 속에서 아름다움을 어떻게 발견할

지, 우리라는 이름 안에서 어떤 것들을 조율해 갈지 매일 생각한다. 치열하게만 살아가기보다 서로에게 집중하는 시간의 소중함을 알아가자고.

언제까지나 이 마음을 기억하고 살도록 처음 그 순간을, 그 금요일을 잊지 말자고.